AF210379

Vallan kaikkiallisuudesta
ja Tajunnallisista alkioista

Vallan kaikkiallisuudesta ja Tajunnallisista alkioista

Merkintöjä meistä ja kriisi-ismeistä

Seppo Oikkonen

© Seppo Oikkonen 2018
Toinen, täydennetty painos
Kustantaja: BoD – Books on Demand, Helsinki, Suomi
Valmistaja: BoD – Books on Demand, Norderstedt, Saksa
ISBN: 9789528002710

Saatesanat: Kriisiytyminen

Luulen, että kaikessa luovassa ajattelussa on jokin vaihe, jolloin oivalluksen kirkastamat kohdat valaistuvat aidoimmin -- ja se hetki on paljon ennen sitä vaihetta, jolloin oivallus on työstetty "valmiiksi", siis ikään kuin esityskuntoon. Monen muusikon tuotanto on parhaimmillaan niinä vuosina jolloin hän löytää oman tyylinsä, ja toisaalta moni runoilija on pilannut säkeensä hiomalla niitä liikaa.

Nämä päiväkirjamerkinnät ovat pitkälti stilisoimattomia. Ne noudattavat jotain juonta, jota yritin ensin jäljittää järjestelemällä merkintöjä muuhun kuin aikajärjestykseen. Lopulta luovuin kalenterista ja numeroin tekstit. Mutta mitään kokonaista niistä ei synny -- ne on työstetty vain siihen mittaan, että ne, sen syyn lisäksi joka on saanut minut kirjoittamaan ne, toivoakseni sisältävät myös syyn, jonka vuoksi jonkun toisen kannattaa niitä lukea.

Heidegger, joka on monessa mielessä epätoivoinen ajattelija, epäonnistuu kirjoitustyössään kahden äärivaihtoehdon välillä. Yhtäältä olisi mahdollista kirjata ylös oivalluksia, jolloin tekstin mitta asettuu dynaamisen kaaren muotoon, ja lopputuloksena on sarja aforismeja. (Wittgenstein moitti itseään siitä, ettei hänestä koskaan tullut muuta kuin muistilappusten kirjoittelija.) -- Toisaalta houkuttelee kokonaisempi ote -- mikä johtaa aihelmien tarkempaan valintaan, palapelin saumaamiseen, käsitteiden käytön yhtenäistämiseen, itsetarkoituksellisiin kielisiltoihin välien tiivistämiseksi, jne. -- Tämä jälkimmäinen vaihtoehto on älyllisesti petollisempi, sillä täytteen päälleliimaaminen toki tekee tekstistä muodollisesti moitteettomampaa, mutta samalla katoaa autenttisuus. (Schweitzer totesi tylysti, että Kant korjaili ja lisäili tekstejään loputtomasti, eikä mikään käsite enää säilyttänyt alkuperäiseen käyttöyhteyteen kytkeytyvää, eikä mitään muutakaan määrättyä merkitystä.)

En usko, että maailmasta voidaan sanoa mitään suurta ja yhtenäistä. Alut ja loput eivät ole oikeasti olemassa, ja kaikki jää aina kesken. Elämä on enemmän kaoottinen kuin kokoava kokemus. Mutta tätä kaikkea epäjärjestystä vasten on pakko todeta, että

5

ajallisen jatkumon lisäksi kulttuuriset ja juonellisetkin jatkumot ovat olemassa. Ihminen on lajityypillisesti olemuksellisesti sosiaalinen olento, ja kaikki perustuu instituutioon. Ajatushistoriaa on mahdollista kirjoittaa. Mikään säie ei kulje ehjänä aikojen alusta loppuun, logiikka tänään ei ole logiikkaa huomenna, mutta monet säikeet ovat lujasti toisiinsa kietoutuneita. Akateeminen maailma tunnustaa logiikkaa, mutta tosiasiassa kaapin paikan määrää päättelyssä läsnäoleva kaikkiallisen "vallan" arvovaraus.

Syy, miksi kriittisten ihmisten on näinä päivinä jätettävä yhteiskunnallinen kansalaiskeskustelu ja vetäydyttävä yksinäiseen yksityisyyteen, on vallalla oleva "poliittinen korrektius". Se ei tarkoita vain kaikkia niitä kiertoilmaisuja ja vaikenemisen tapoja, joita yhteiskunnassa kehittyy kipeiden ja vaikeiden kysymysten ympärille -- ei siis vain sitä että journalistit kilvan laativat uutisen näköisiä näennäisuutisia kännyköitä ryöstelevistä maahanmuuttajanuorten jengeistä tai raiskaustapauksista mainitsematta sanallakaan tekijöiden etnistä taustaa -- vaan se tarkoittaa sitä että vähitellen kehittyy kokonaisia käsitekoneistoja, jotka tosiasiassa vain kattavat ajatteluun jo auenneita valkoisia tabuaukkoja. Yleiskäsitteet määrittelevät toisensa, ja perustelujen rautainen pinta peittää kuilut joihin todelliset ongelmat on haudattu.

Me esimerkiksi keskustelemme "maahanmuutosta", vaikka tuollainen lähtökohtainen käsite oitis kampeaa kaiken keskustelun yleiskäsitteellisten yleistysten suohon. Kysymyksessähän ei ole sen enempää "siirtolaisuus", ei "maahanmuutto", ei "pakolaisuus", eivätkä "turvapaikat" -- vaan vain ja nimenomaan kansainvaellus, joka tulevalla vuosisadalla tulee mitä todennäköisimmin kasvamaan satojen miljoonien suuruusluokkaan. Se on jo nyt kovalla rahalla organisoitua toimintaa niin siellä mistä lähdetään liikkeelle kuin myös kohdemaissa, joissa raha pyörittää vastaanottotoiminnan myllyjä. Kulisseissa elätellään siirtotyövoiman aikaisia kuvitelmia korvaavasta halpatyöstä, ja poliitikot puhaltelevat utopistisia kupliaan -- oikeistolaiset taloudellisia, vasemmistolaiset humanistisia. Yhteistä on tabujen vahvistaminen ja sensuurimielialan ja -toimien legitimointi.

Kun poliittinen korrektius on jo vienyt todellista maailmaa kuvaavat lähtökohtaiset käsitteet keskustelusta, ainoa mahdollisuus on vetäytyä syrjään miettimään parempia käsitteitä.

Saatesanat: Opillisuuden onttous

Syy siihen ettei ihmismieltä pystytä täydellisesti selittämään on hyvin yksinkertainen. Selitys vaatii selittäjän, ja täydelliset selitykset voivat koskea vain jotain mikä on täydellisesti selittäjän ulkopuolella. Täydellistä tietoa voidaan saada vain ideaalitilanteessa, kun kohde on täydellisesti nähtävillä ja joka puolelta tutkittavissa. Kun ja jos tutkija kohdistaa huomion takaisin itseensä, hän kyseenalaistaa omat kysymyksensä ja myös kykynsä. Silloin Subjektit ja Objektit, kysymykset ja vastaukset, vaihtavat paikkaa ja menevät sekaisin. Kun jo normaalitilanteessa -- kun tutkitaan niin sanotusti "ihmisestä riippumatonta todellisuutta" -- ongelmana on missä määrin Subjekti projisoi ja sisällyttää tutkimuskohteeseensa omia ominaisuuksiaan, ihmisen tietoisuuden tutkiminen kompastuu jo lähtökohtiinsa. Kaikki tutkimus tarvitsee ensin lähtökohtaiset käsitteensä, joiden pitäisi kuvata todellisuutta mahdollisimman hyvin, ja vasta kuvauksen jälkeen tulee empiirisen metodin soveltaminen mahdolliseksi. Kun ihminen tutkii itseään, kaikkiin lähtökohtaisiin käsitteisiin itseensä sisältyy jo selitystä ja tulkintaa, ja itse asiassa itseymmärryksen rajat saattavat olla helpommin tavoitettavissa ja tajuttavissa jo kysymyksistä, eivätkä vastaukset välttämättä tee meistä yhtään viisaampia.

Daniel C Dennett on kirjoittanut paksun kirjan, joka on suomennettu nimellä "Tietoisuuden selitys". Kirjan voi lukea dokumenttina siitä miten vähän kysymyksenasetteluissa käytettyjä lähtökohtaisia käsitteitä yleensä kyseenalaistetaan. Jo kirjan nimi on oksymoroni -- Tietoisuus ja Selitys eivät ole Kysymys ja Vastaus, eivät Subjekti ja Objekti tai päinvastoin. Ne ovat yhtä ja samaa. (Voi olla että teoksen alkukielinen nimi "Consciousness Explained " purkaa jännitettä joka suomenkielisen nimen mielteessä korostuu, samoin se, että Dennett lavastaa tietoisuuden ilmiölle aivofysiologisia kulisseja jotka "objektivoivat" kohdetta ja antavat neurotieteellistä auktorisointia selityksille.) -- Miksi meidän on niin vaikeaa asettaa kaikkia tiedollisia intressejämme alkuasetelmiin ja hyväksyä se, että jo lähtökohdissamme väistämme sen mahdollisuuden, että maailmassa on paljon "maagista", joka ei pelkästään jää meiltä selittämättä, vaan on työntynyt myös niiden kysymysten ja vastausten sisään, joiden koemme lisäävän "tietoamme"? --

Jos kysymyksissä käytetyt lähtökohtaiset käsitteet pystyttäisiin yleisemmin kyseenalaistamaan, silloin nousisi esille myös järkeämme vielä lähtökohtaisemmin määräävän "kartesiolaisen rationaalisuuden" rooli. Sillä tarkoitetaan "paradigmaattista" perusjakoa, joka hallitsee kaikkea eurooppalaisen uuden ajan ajatteluamme -- juurikin tuota jakoa "tarkkailevaan Subjektiin" ja "tarkasteltavaan Objektivoituvaan todellisuuteen". Niin oudolta kuin se jostakusta saattaakin kuulostaa, tällaista tajunnallista jakoa tai hahmoa ei ollut olemassa koko tuhatvuotisella eurooppalaisella keskiajalla. Silloin kaikki ajattelu oli laadullisesti, toistan: laadullisesti aivan eriperusteista. -- Ja jotta voisimme ymmärtää tällaisia kokonaisten ajattelulaatujen kausia, kunkin historiallisen kauden omaehtoisuutta, tarvitsemme vielä perustavammanlaatuisia "palautuspisteitä", lajityypillisiä ja yleisinhimillisiä lähtökohtia, joista käsin voimme nähdä niitä kehitystekijöitä jotka läpäisevät kehityskerroksia ja aikakausia ja auttavat meitä ymmärtämään paremmin omaa aikalaiskokemustamme.

Jos Heideggerin ilmausta käytetään, meidän pitäisi siis jäljittää "perusteita perusteille". En ole kuitenkaan varma miten pitkälle Heideggerin ylihistoriallinen silmä näki, ja itse asiassa luulen, ettei kovinkaan pitkälle. Hän oli hyvin kontrovertti tapaus, eikä mitenkään yksinomaan sen takia että hän veljeili natsien kanssa. Hänen ajattelussaan elävät filosofian ikuiset kysymykset, olemassaolon ja orientoitumisen ongelmat. Yhtäältä hän käyttää tyylikeinonaan klassisista ethosta, pathosta ja logosta, toisaalta konstruoi ikioman raskaan käsitekoneistonsa, johon pitäytyy ja käpertyy. Hänen yhtenä motiivinaan näyttää olleen oppi-isänsä ja edeltäjänsä mitätöinti, ja voi olla, että hän haki akateemiselle auktorisoitumiselleen tukea uudesta natsivallasta. -- Monen muun aikalaisiamme puhuttelevan akateemisen vaikuttajan tavoin hänenkin näkökenttänsä oli hyvin rajattu ja häntä määräsi vallan- ja kunnianhimo. Kysymys kuuluu: miten hänen ajattelunsa filosofiset sisällöt suhteutuvat siihen mitä tapahtui ympäröivässä yhteiskunnassa? Oliko hän natsi-ideologi Alfred Rosenbergin tapaan? -- Juuri Heidegger meidän pitää nostaa viime vuosisadan ajattelijoista esille jos haluamme esittää kysymyksiä jotka koskevat "valtaa", "tahtoa" ja "tietoa" ja tapoja, joilla ne auktorisoituvat tai "sisällöllisesti" pätevöityvät.

Heidegger pitäisi asettaa paljon laajemman tarkastelun kantimiin, jolloin emme kompastuisi siihen kuoppaan, että jäisimme kiistelemään siitä oliko hän "opillisessa" mielessä natsi vai ei -- sillä juuri tällaiset opillisia sisältöjä koskevat ylikorostukset ovat oman "totuudellisuutemme" sudenkuoppa. Kun kuvittelemme että joukkomittainen yhteiskunnallinen taantuma -- totalitarismi -- voi toteutua vain jonkin tietynnimisen ideologian aatteellisissa kulisseissa, olemme totaalisen sokeita sille, että yhteiskunnallisissa taantumissa vaikuttavat voimat ovat paljon ikuisempia kuin myöhään uudella ajalla syntynyt ja nyt meitä niin kiihkeästi puhutteleva ismi-identifioituminen. Tosiasiassa tilanne on aivan päinvastainen -- sellainen, että yhteiskunta voi romahtaa ihan minkänimisen ismin kulisseissa tahansa. Natsiaatteen "tiedolliset" sisällöt oli omaksuttu silloisen kansatieteen eturintamasta, jossa rotuopit nauttivat akateemista auktorisointia. Saksan lääkäriliitto oli ensimmäinen virallinen järjestö joka otti omaan ohjelmaansa pykälät elinkelvottoman elämän tuhoamisesta. -- Entä mitkä ovat nyt ne eliitti-ihmisten hellimät "totuudet" jotka nauttivat tarvittavaa arvovaltaa? Niitä ovat esimerkiksi "ihmisarvo- ja -oikeusideologiat" tai vaikkapa "ilmastonmuutos". Voi olla, että juuri niiden nimissä tulemme taas pian ajautumaan yhteiskunnallisiin romahduksiin, totalitarismeihin.

Heideggerissa ei ole kysymys natsismista, koska natsismissa ei ole kysymys natsismista. Kysymys on yhteisövoimista, yhteisöominaisuuksista ja yhteisöilmiöistä. Totalitarismi ei palaudu yksilöjen ominaisuuksiin ja pyrkimyksiin -- ja kaikki "tiedollinen" ja "opillinen" on kehityshistoriallisesti muodostunut yksilöllisen eriytymisen emergenssinä. Kysymys on lajityypillisten mekanismien mukaisesti tapahtuvasta joukkomittaisesta sosiaalisesta taantumasta, jollainen voi kohdata myös kehittynyttä yhteiskuntaa, kun se erityisellä syvällä tavalla sisäisesti kriisiytyy. Taantuminen on yhteisön sisäistä hajoamista -- tyypillisesti kahtiajakautumista -- ja sitä yhteisövoimien tasolla torjumaan pyrkivä yhteisöilmiö. Mikään siinä ei palaudu yksilötasolle, eikä sitä tietenkään pitäisi edes yrittää kuvata ja selittää minkään kehityshistoriallisesti emergoituneen yksilöajattelun -- "tiedon" saati sitten "ideologis-opillisten ismien" -- puitteistuksissa. -- Ja on tietysti mahdotonta ymmärtää, että vaikka totalitarismissa on kysymyksessä yhteisönsisäinen hajoamista kompensoiva puolustusreaktio, kuvaan kuuluu äärimmäisiä vastakohta-asetteluja, kulttuurisia hylkimisreaktioita ja muita fundamentaalisia "tunnustuksellisille" tunnoille ominaisia tuhoamistarpeita, raakuuksia, sisäistä ritualistista ja ulos suuntautuvaa projektiivista väkivaltaa. -- Natsismissa ei todellakaan ollut kyse natsismista, eikä juutalaisten joukkotuhonnassa juutalaisista. Mutta on tosiasia, että juuri joukkomittainen regressio tarvitsee aina "nimen" -- tunnustuksen, teokratian, eskatologian, jne -- ja alkusyinä yhteiskuntien sisäiselle kitkalle voivat todellakin olla kulttuuriset yhteentörmäykset.

Kun yhteiskunta sisäisesti kriisiytyy, joukkomittaisen regression mekanismit käynnistyvät. Vapaudet katoavat, samoin yksilöllinen kriittinen järki. Käskyvalta ja kuri ottavat vallan, luottamukseen perustuva omantunnonetiikka kovettuu koneelliseksi normimoraaliksi. -- Vaikka tämä lajityypillinen yhteisöilmiö voi tapahtua ihan minkänimisen "ideologian" tai "tunnustuksen" ilmiasussa tahansa, ei suinkaan ole sattumaa, mikä nimenomainen tunnustuksellisuus kulloinkin kulissiksi valikoituu. Regression tarvitsema "Suuri Yhteinen Valhe" on aina juuri se "ideologia" joka on parhaiten valmiustilassa, käytettävissä -- joka on jo valmiiksi nauttinut auktorisoitua "valtaa". -- Totalitarismi tarvitsee auktorisoituakseen ja autorisoituakseen jo olemassa olevat "tiedolliset totuudet", ja itse asiassa kyseessä onkin juuri tarjolla olevan "totuuden" sementointi. Siksi totalitarismiin taannutaan aina kulloinkin vahvistettavissa olevan "poliittisen korrektiuden" aatteellisessa kaavussa.

Eurooppalaisen kulttuuripiirin eri aikakausilla on ajattelu ollut varsin erilaatuista, ja yhteisöjä on sisältä käsin määrännyt hyvinkin erilainen sosiaalisidos. Emme pystyisi elämään päivääkään antiikin kreikkalaisena, jonka koko miellemaailma poikkesi omastamme totaalisesti. Emme tunnistaisi itseämme syvällä keskiajalla, jolloin kaikkien aikalaisten "minuus" -- ajantaju ja psyykendynamiikan ulkoinen projektio -- oli hukkunut joukkovoimien depersonalisaatioon. Se ajattelu, jonka me tunnistamme "järkiajatteluna", on uuden ajan "kartesiolaiselle" paradigmalle rakentuvaa "järkeä". Ne erityiset järjen muodot, joita erityistieteiden pohjalta pirstoutuneet tiedollis-opilliset "ismit" edustavat, ovat todellakin kotonaan vain aikamme eurooppalaisen sielussa. Me olemme opillisuudessamme kehittäneet itsellemme sellaiset yleiskäsitteelliset yliperspektiivit, etteivät historiallisesti muuttuvan "järjen" erilaatuiset premissit meitä häiritse.

Jopa tiedonala, jonka tehtävä nimenomaisesti olisi "ihmisjärjen" ja myös "sen erityisen järjen muodon joka on saanut ilmauksensa tieteessä" (G H von Wright) aikojen varrella tapahtuneen muuttumisen tutkiminen -- eli akateeminen filosofia -- on latistunut ismitunnustuksellisuudelle ominaisen kaikkiallisen totuusharhan valtaan.

Descartes ja Spinoza aikanaan esittivät täysin erisuuntaiset ratkaisut samaan aikalaisongelmaan, eli Subjektin eriytymiseen ja todellisuuden Objektivointiin. Siinä missä edellinen erotti lokatiiviset navat toisistaan ja sijoitti kartesiolaisen silmän todellisuuden äärimmäiseen peränurkkaan, jolloin syntyi harha siitä että silmä näkisi koko todellisuuden, siinä Spinoza räätälöi käsitteellisen immanenssin, jossa sisäinen ja ulkoinen sulkeutuivat toisiinsa kuin lämpö nurinkäännetyssä lammasnahkaturkissa. -- Entä millaisia käsitteitä on käytettävä silloin, kun halutaan kuvata ongelmia jotka ovat olleet olemassa hamasta esihistoriasta aina nykyisiin päiviin asti? Jos halutaan kuvata ihmisen lajityypillistä olemuksellista sosiaalisuutta, käsitteellisen ajattelun ja kielen syntyä sosiaalisina muodosteina, suuria kulttuureita kovina kognitiivisina tosiasioina, eurooppalaisen ajattelun erityislaatua ja uuden ajan ajatteluparadigmojen radikaalia vaikutusta -- niiden seurauksena maailma ja ihmisen elinehdot ovat nyt parissa viime vuosisadassa muuttuneet tuhatkertaisesti verrattuna koko ihmislajin aiempaan miljoonan vuoden kehityshistoriaan -- tuossa tarvittavat käsitteet eivät voi olla kovin "opillisia". Niiden on oltava yhtäältä sellaisia, jotka palautuvat perustavanlaatuisiin kokemuksiin, toisaalta sellaisia jotka rakentavat siltoja vallitsevaan omaan aikalaisajatteluumme. Usein tuntuu siltä, että kummankin tavoitteen toteutuminen on mahdotonta.

11

Saatesanat: Summatiivisista totuuksista

Luulen, ettemme edes silloin, kun käsittelemme tiedonfilosofisia kysymyksiä, osaa vapautua ontologioiden suljetuista piireistä. Käytämme ongelmien muotoilemisessa tiettyjä käsitteitä, ja ratkaisun olisi tietysti -- ollakseen ratkaisu -- käytettävä näitä samoja käsitteitä. Kysymysten ja vastausten on täytettävä samat loogisuusehdot -- ja se merkitsee, että vastaukset ovat jollain lailla olemassa jo kysymyksissä. Oikeasti ontologista "arvoitusta ei ole olemassa" (Wittgenstein). -- Olisimmeko sitten yhtään viisaampia jos esittäisimme kysymykset yksiä ja vastaukset kokonaan toisia käsitteitä käyttäen? Silloinkin merkityssisältöjen pitäisi joissain kohdata ja liueta toisiinsa -- ja vastauksena olisi jonkinlaista käsitteiden välistä tämä-on-tätä -määrittelyä. Yleiskäsitteet ovat kuin luotuja tällaiseen filosofointiin, ja aika monet yleiskäsitteet ovatkin juuri siihen tarkoitukseen luotuja. -- Jos taas tiedonfilosofia olisi runoutta (mikä on vain kääntäen sama asia kuin se että kaikki runous oli tosiaan aikojen alussa tavujen algoritmia, matematiikkaa), voisimme korvata käsitesisältöjen varassa etenevät päättelyt esimerkiksi asettamalla kaksi metaforaa päällekkäin ja väittämällä että runokuvat todistavat toisensa. Ja -- edelleen retoriikkaa, ethosta, pathosta ja logosta viljellen -- voisimme miettiä miten on mahdollista sanoa kaksi sisällöltään vastakkaista ja täysin päinvastaisiin seurauksiin johtavaa lausetta aivan samanlaisilla vakuuttavilla äänenpainoilla. (Esimerkiksi: "Eurooppalaiset kuluttavat liikaa luonnonvaroja." Ja yhtä vakuuttuneesti: "Eurooppa tarvitsee lisää maahanmuuttajia.")
 Kaikki tällainen viittaa vahvasti siihen, että mitä ikinä mietimme ja mistä keskustelemme, kaikki se on ratkaisevasti lähtökohtaisten käsitteiden määräämää. Varsinaisen ongelmat alkaisivat vasta siitä ellemme tyytyisi tiettyyn käyttämäämme käsitekoneistoon, vaan yritämme määritellä jotain joka jää kaikkien rattaiden ulkopuolelle. -- Tällöin meidän olisi suhtauduttava "käsitteeseen" tajunnallisena työkaluna, eikä vain tietyn sisällöllisen merkityksen kantajana. Meidän pitäisi kysyä: mikä kaikki käsitteistä jää kä-

teen jos niitä ajatellaan operaattoreina eikä välitetä siitä että kaikilla käsitteillä on merkityssisältönsä ja tyypilliset käyttötapansa? -- Normaalikielen käsitteillä on tietyt "monadiset" ominaisuutensa -- sanoilla sanaluokkansa, sijamuotonsa ja paikkansa lauseenjäsenenä -- mutta entäpä jos palautetaan sanat muinaiseen käsitteenmuodostukselliseen hämärään, tai vieläkin kauemmas kehitysasteikolla, hahmonmuodostukseen saakka? Millä käsitteillä meidän pitäisi puhua hahmonmuodostuksesta? Tai primitiivisen kielen ensimmäisistä käyttötavoista, sanotaan vaikkapa totemismista, jossa nimeämällä suljettiin samuuden piirejä. (Kaikki samaan laumaan kuuluvat ihmiset, samoin kaikki elämänmuotoon kuuluvat esineet ja välineet, samoin paikat -- kaikki mikä alkuyhteisössä sisältyi symbioottiseen yhteisöelämään ja niin sanotusti institutionalisoitui, nimettiin samalla sanalla.) -- Jossain kehityksellisessä varhaisvaiheessa kulkee se raja, jota emme ollenkaan voi kuvata, selittää tai ymmärtää viemällä taaksepäin nykyisiä käsitteitämme. Käyttämällämme kielellä on nyt ominaisuuksia, jotka yksinkertaisesti karisevat pois kun tajunnallisia hahmojamme palautetaan kehityksemme alkuvaiheisiin. Kaikki mikä oli alussa, oli ominaisuuksiltaan olennaisesti toisenlaatuista. Alussa tosiaan oli pikemminkin teko, ei sana.

Kieli on kuitenkin se mielen elementti, johon meidän on kaikki tiedollinen uteliaisuutemme suunnattava -- ihan jo siitä syystä, että inhimillinen kieli erottaa meidät muista kädellisistä ja kaikista toisista korkean elämän muodoista. Ei suinkaan ole sattumaa että kohta kolmen tuhannen vuoden perinteet omaava länsimainen filosofia viimein viime vuosisadalla keskittyi hyvin selvästi nimenomaan kielen tutkimiseen. Vuosisadan eniten keskustelua nostattanut filosofi Wittgenstein fokusoi nuoruudenteoksessaan kaiken huomion siihen mitä kielellä ylipäänsä voidaan sanoa ja mikä jää kielen mahdollisuuksien ulkopuolelle. Tällöin hän tarkasteli -- vaikka tämä asia ei hänelle itselleenkään täysin selvinnyt eikä hän tätä niinmuodoin koskaan argumentiksi muotoillut eikä julkilausunut -- kieltä sellaisena kuin se on "kirjoitetussa" muodossaan. Vasta elämänkokemuksen tuomien kokemuskerrostumien valossa hän näki että kielellä on muitakin -- alkuperäisempiä -- toimintatapoja kuin käsitteiden välittämät "tiedolliset" merkityssisällöt. Vaikka hän ei edelleenkään muotoillut asiaa kirjoitetun ja puhutun kielen eron kannalta, juuri siitä oli kyse. Luulen, että monet hänen myöhäisfilosofiaansa johtaneet ratkaisevat herätteet tulivat Sir James Frazerin kirjasta. (Mikä muuten oli myös Stanley Kubrickin mielikirja.) Antiikkista ikiaikaista retoriikkaa ei voi sivuuttaa -- sitä ei voi riisua kielestä ja siilata siitä tarkasteltaviksi vain kielen "tiedollisia" käsitteitä, jotta nähtäisiin millaisin "järjen" säännöin käsitteiden merkityssisällöt kytkeytyvät toisiinsa. Totuus kielestä ei paljastu muuttamalla käsitesisällöt matematiikaksi tai logiikaksi. -- Elämänsä loppuvaiheessa Wittgenstein toisteli lausetta: "Ilmaisulla on merkityksensä vain elämän virrassa." Hänen myöhäisfilosofiansa suuri teesi oli, että kieli saa varsinaisen "totuutensa" siinä yhteydessä jossa sitä käytetään. "Käsitteen merkitys on sen käyttö." -- Käsitteiden merkityssisältö, johon me edelleen aina ja yksinomaan niin tiukasti keskitymme, muodostaa vain sen kytkennän, jolla liitämme käsitteitä toisiinsa niin, että käsitteet muodostavat mieleemme eräänlaisen lujan pinnan. Mutta käsitteillä on muitakin, ja paljon ratkaisevampia ominaisuuksia kuin vain merkityssisältö. Niillä on myös "syvyyssuuntaisia" kehityksellisiä ominaisuuksia, ja pohjallaan ne kuljettavat mukanaan alkuperäisiä kaikkiallisen "vallan" alkioita -- koko sitä tajunnallista orientaatiota joka alkuperäisen hahmonmuodostuksen maailmassa muodostaa kaiken ajattelun perustavanlaatuiset lokatiiviset asemoinnit, kategoriat ja luokat. -- Kaikki mikä ilmenee "tiedollisessa" maailmassa, mukaan lukien kaikkein "korkeimmin abstraktiset" ajattelun formalismit, kuten matematiikka ja logiikka, kantaa mukanaan alkuperäistä mielenmagiaa. Emme näkisi maailmassa mitään yhteyksiä, ellei alkuperäisessä tajunnantilassa kaikki olisi ollut yhtä ja samaa.

Juuri tällaisten kaikkea ajatteluamme hallitsevien maagisten ominaisuuksien vuoksi yhtäältä wittgensteinilainen kielifilosofia, toisaalta Durkheimin kartoitukset ja pohdiskelut koskien kaiken ajattelumme "uskonnollista" peruslaatua ovat ymmärryksemme lisäämisen kannalta niin tärkeitä. Antropologisen sosiologian alkeiden tajuaminen avaisi silmämme myös sille, miksi kulttuurien varhaisvaiheessaan tekemät tajunnalliset perusvalinnat ovat niin peruuttamattomia -- kulttuurit todellakin ovat "kovia kognitiivisia tosiasioita". -- Valitettavasti vain noiden viime vuosisadan alkupuolen ajattelijoiden perussanoma on tavattoman vaikea ta-

14

voittaa. Ainakaan akateemisen filosofian, saati sitten riemunkirjaviksi identiteetti-ismeiksi sodanjälkeisen postmodernismin myllyissä pirstoutuneen "sosiologian" piirissä ei minkäänlaista syvempää ymmärrystä näytä enää syntyvän. Tiedollinen harrastus muuttuu akateemisesti auktorisoiduksi kukkoiluksi ja nokitteluksi ismikäsitteistöihin kytketyllä valtamagialla. Jos joku nyt, tässä narsistisessa ajassamme, sattuisi oikeasti katsomaan peiliin, ja jos hänen silmänsä aukeaisivat, hän näkisi edessään mitä parhaat malliesimerkit ja todisteet siitä miten paljon primitiivistä magiaa "valistuneen" aikalaisajattelumme kielimaailmat voivat kuljettaa mukanaan. Meidän pitäisi säikähtää omaa tolaamme pahemman kerran. Meitä motivoivat nimenomaan käsitteidemme "itsekantavat" ominaisuudet -- esille siilatut "tiedolliset" merkityssisällöt ovat vain välttämätön hiusverkko jolla viidakon lakeja yritetään pitää älyllisessä järjestyksessä. Niillä ei ole enää mitään tekemistä minkään kanssa. Varsinainen rakennusaine, josta "yleinen ajattelumme" todellisuudessa koostuu, on ratkaisevasti vain alkuperäistä valtamagiaa. Se on taantunutta "kaikkiallista totuutta", jolla ei ole mitään "tiedollisen" totuuden kriteereitä. Nyt ehkä hirvittävin esimerkki tällaisesta on tunnustuksellinen uskonnolliseskatologinen puhe "ilmastonmuutoksesta" -- siinä "tiedeyhteisön" sisäinen ryhmävahvistautuminen muuraa silmät umpeen siltä tosiasialta, etteivät teoreettiset ilmastomallit ehdi enää muuttua samaa tahtia kuin mittaustulokset lakkaavat niitä noudattamasta.

Ja, yleisesti ottaen, valtamagiaa, kieltä ja ajattelua koskien, ehkä meidän nyt pitäisi ravistella tätä pahasti vinoon kallistunutta vaakakuppiamme, joka on lastattu kielen käsitteiden näennäisellä pätevyydellä -- käsitteiden merkityssisältöjä yhdistelevillä, käsitteitä toisiinsa kytkevillä ja päättelyn lenkkejä ketjuttavilla, mutta jossain vaiheessa raskaaksi skolastiseksi käsiterealismiksi sementoituvalla "summatiivisella totuudella" -- niin että käsitepinnat murenisivat, käsitesillat sortuisivat, ja inhimillisen kielen kaikki alkuperäiset ainesosat erottuisivat taas toisistaan niin että koittaisi uusi jälleenrakennuksen aika. Kaikki ihmistieteelliset totuutemme todellakin ovat jokseenkin yksinomaan ylisummatiivisia "totuuksia". Ne rakentuvat ylimitoitettujen yleiskäsitteiden itsekantaville ominaisuuksille -- eli kaikelle sellaiselle joka vaikuttaa liimana kaikkien käsitekylttien ja nimilappujen välissä. Ajat-

15

telemme sidosaineiden, emme todellisiin ongelmiin kohdistettujen, tabuaukkoja paljastavien merkityssisältöjen varassa. Elämme sidosaineiden rautaisten päättelyketjujen kahlitsemaa elämää. On paradoksaalista, että mahdollisimman sitovalla tajunnallisella tavalla yleiskäsitteellisesti vangittuina olomme on turvallisin. Se on todellakin vain paradoksi, tosiasiassa siinä on kysymyksessä paluu alkuperäisimmän symbioottisen kaikkiallisen valtamagian piiriin. Tajunnallinen uni sulkee humanistin alkulaumoissa turvaa tuoneisiin totemistisiin samuuden ja samanlaisuuden piireihin. -- Se on yksi asia josta olemme rakentaneet itsellemme täydellisen väärän käsityksen ja "perustelun". "Päättelemme" että "vierauden pelko" on kehittymättömyyden merkki ja kertoo tietämättömyydestä -- että kulttuuriset hylkimisreaktiot ja toiskulttuurisuuden torjunta edustavat siis meissä jotain "primitiivistä". Tosiasiassa -- ja myös Durkheim mainitsee tämän -- primitiiviset ihmiset eivät vierasta vieraita, pikemmin päinvastoin. Vasta kun kulttuuri-kognitiiviset erot alkavat vaikuttaa, syntyvät torjuntareaktiot. -- Me emme enää elä aitojen merkitysten varassa, sillä jos eläisimme, emme niin epätoivoisesti yrittäisi kyhäillä yleis-käsitteellisiä "päättelyitä" ja merkityslaajentumia, joilla koskaan onnistumatta pyrimme selittämään pois kulttuurikognitiiviset erot ja inhimillisen kehityksen tosiasian. (Kuten Erich Fromm sanoo, ihmistä ihmisenä kaikkein eniten luonnehtiva määre on nimenomaan "kehitys".)

Kielen yleiskäsitteet ovat ongelma. Ne tekevät tajunnastamme ikiaikaisen valtamagian näyttämön. Niillä sementoimme sillat joilla totalitarismi marssii tiedollisten tabuaukkojen yli. Niillä luodaan täydellinen harha asiahallinnasta. Paradoksaalisesti näitä harhoja täytyy pitää yllä sensuurilla ja mielipideinkvisitiolla.

Laskemme yhteen nollia, mutta kun yhtälöt kasvavat ja yleis-käsitteiden ekstrapoloidut merkityslaajentumat täyttävät kokonaisia kirjastoja, pelkät ynnämerkit kannattelevat jo hyvin. Ne ovat kuin pieniä ristinmerkkejä, pieniä ajattelun hautoja.

1.

Descartesin kokemuksellinen oivallus "olemassaolosta" kuului: "Ajattelen, siis olen." Minä, nykyhetki, olemassaolo. Tämä lause on kirjattu opilliseen filosofianhistoriaan taitekohtana, josta eurooppalaisen uuden ajan individualismin katsotaan alkaneen. Mutta ajatushistoria ei ole mitään opillista, se on jotain kokemuksellista ja oivalluksia.

Aikojen varrella "olemassaolo" ja "minä" ovat muodostaneet erilaisia liittoja erilaatuisissa ajatuskulisseissa. Onko se mikä yli historian vaikuttaa samalta todella samaa? -- Parmenideen idea "olemassaolosta" tuntuu toistuvan G H Meadin ajattelussa ideana siitä, että "nykyisyys", "olemassaolo", on jotain joka ottaa oman tilansa jossain "avaruudessa" -- siis kielimaailmassa lokatiivina tai sijaintina ajatusavaruuden koordinaatistossa. Sillä on ikään kuin "paikka" -- "The Present as the Locus of Reality" -- ("The Philosophy of the Present").

Jos kreikkalaisittain sanottaisiin, se jotenkin "leikkaa" ääriviivansa (apeiron) mukaisen varauksen itselleen. Sitä voidaan katsoa "subjektin" näkökulmasta, tietystä yhdestä "perspektiivistä", ja Meadille useat perspektiivit mahdollistavat "intersubjektiivisen" tai "objektiivisen". Näin meadilaisen "minän" molemmat olemuspuolet, "I" ja "Me", toimivat "yhdessä ja samassa", ja erilaisten "näkökulmien" kokonaisuus on jotakin jota voimme luonnehtia "yleistyneeksi Toiseksi".

Antiikin kreikkalaisten tajunnalliset alkiot olivat kyllä ongelmallisia. Emme voi (spenglerilaisittain) sanoa että heidän "todellisuuskokemuksensa" olisi ollut vain "kaksiulotteinen". He tosin hahmottivat nimenomaan tuon avaruudellisen ääriviivan -- mutta myös "tilan", joka oli jotain joka ei asettunut samaan kokemukselliseen kuvaan "pinnan" kanssa. Ikään kuin projektiot olisivat kognitiivisesti toimineet toisistaan erillään. Ikään kuin tilan ja pinnan tajunnallisilla alkioilla ei olisi ollut keskenään mitään tekemistä. Tai ettei niillä "ideakuvilla", eräänlaisilla "todellisuuden pysäytyskuvilla", joista heidän "ajattelunsa" muodostui, ollut samanlaista kokonaishahmoa kuin on oma kokemuksemme.

Tällaisten ongelmien ymmärtäminen edellyttää eläytymistä varhaisiin kehitysvaiheisiin. Muuta keinoa meillä ei ole -- on eläydyttävä siihen primitiivismiin joka on ja toistuu lajihistoriallisena

17

jäänteenä meissä itsekussakin. Siinä tulee sitten vastaan kysymys koetun ja "tiedollisen" suhteista. Onko meidän mahdollista ymmärtää mitään mikä on kovin erilaatuista kuin oma kokemuksemme? Mikä arvo on sillä jos määrittelemme jonkin käsitteen ikään kuin "puhtaan tiedollisesti"? (Esimerkiksi Quine: "Olemassaolo on sijoittumista arvona variaabelille.") -- Joka tapauksessa meidän on kyseenalaistettava käsitetietomme, haastettava ja valittava käsitteet. On puhuttava esimerkiksi "hahmon- ja käsitteenmuodostuksesta". Määre "lähtökohtainen" on tärkeä. Lähtökohtaiset käsitteet. Lähtökohtaisesti "kulttuurit ovat kovia kognitiivisia tosiasioita".

2.

Arthur E Murphy yrittää opillisesti käsitteellistää Meadin ideoita "minän" ja "ajan" keskinäissuhteista esipuheessaan Meadin luentoihin perustuvaan kokoomateokseen "The Philosophy of the Present". Tämä opillinen käsitteellistäminen itsessään olisi oiva esimerkki siitä mitä Mead ajoi takaa. Aina kun opillistamme käsitteellisesti jotakin, käytämme yleiskäsitteitä tavalla joka ikään kuin laajentaa merkityksiä yli "nykyhetken" -- eli yleiskäsitteiden "pätevyys" -- joka on siis sama asia jonka Wittgenstein näki "noituvan ymmärryksemme" -- on olemuksellisesti jotain sellaista jossa jokin "ajaton" ja "ikuistava", eli tämän aktuellin ajanhetken ja kielen käyttötilanteen ylittävä totuuslaatu saa arvoa ja "valtaa".

Se ei ole mitään uutta. Jo antiikin maailmassa "tosioleva" oli jotain ideaista ja pysäytettyä, "kuvanomaista" -- totuudella oli ikuistava ominaisuus joka nosti sen kaiken muuttuvan ja vaihtelevan keskeltä omaan kategoriaansa. Kreikkalaisten ajattelu rakentui "ideakuvien" varaan, eli juuri tuo ajattomuus, muutoksen eliminoiminen ja ajan pysähtyminen, tekivät ideoista jotain "todellista", "tosiolevaa".

"Opillisuus" on siis ainakin kaksiteräinen miekka. Vaikka yleiskäsitteellinen "tieto" edustaa jotain -- sanotaan vaikkapa että se edustaa sellaista ajatusmuotoa joka on antanut meille todellisuuden- ja luonnonhallintaa -- yleiskäsite on kielen elementtinä kuin ajan rattaiden hampaat syövyttävä myrkky. Huume luo illuusion -- ja ideakuvan -- totuudesta joka nousee kaiken ajanvirran keskeltä, liikkeestä ja pyörteistä ikään kuin omana laatunaan, johon kaikkea muuttuvaista voidaan suhteuttaa. -- Muunnettuna tämä totuudellisuuden jakomielinen ominaisuus on juuri se johon Wittgenstein viittasi sanoessaan, että "vanha järjestelmä, jossa Jumala toimi kaiken selityksen päätepisteenä" oli jollakin lailla selvempi kuin uusi, jossa totuuden olisi täytettävä yhtä aikaa sekä totuuden että kehittymisen ominaisuus.

Kielteisestä käsin määriteltynä pysähtynyt ajaton totuus olisi "totalitarismille" ominainen totuuslaatu. Totalitarismissahan ei ole "kehittyviä" tai "muuttuvia" ajatuksia, aatteita tai oppeja, vaan totalitarismissa on vain "oikeassaolemista". Ja juuri totalitaristisissa järjestelmissä huomaamme miten "oikeassaoleminen" ja depersonalisaatio -- psyykkinen taantuma -- käyvät käsi kädessä. Kun "totuudesta" tulee "ajatonta", ihmisiltä katoaa "minä".

Mead ei tainnut koskaan ajatella nimettyjen opillisten yhteiskuntajärjestysten ongelmia -- en usko että "totalitarismi" olisi kiinnostanut häntä samalla tavalla kuin sen syntymekanismit kiinnostivat esimerkiksi Hannah Arendtia. Kuitenkin kysymys on samoista "tajunnallisista alkioista", samoista "monadeista", samoista alkuperäisistä ajattelumuodoista, joita koko durkheimilainen sosiologia on perustajansa jalanjäljissä jäljittänyt.

19

3.

Mitään ehjää esitystä ei Meadin ajattelusta tai akateemisesta vaikutuksestakaan voi saada. Jos Meadin kaikkien avainkäsitteiden -- "I", "Me", "Self", "Mind", "generalized Other", "Society" -- autenttisia sisältöjä haetaan, jokin olennainen todellakin tipahtaa Jukka Hankamäen Mead-väitöksessään mainitsemaan "välitilaan" -- eli niihin tajunnallisiin aukkoihin joita jää esimerkiksi sosiologisen ja psykologisen käsitteistön väliin. -- Erilaatuisten tajunnallisten alkioiden väliin jää aukko. Tajunnalliset alkiot ovat siis keskenään "ikkunattomia" Leibnizin monadien tavoin. Tämä "välitilan" käsite määrittää koko kartesiolaiselle paradigmalle rakentunutta eurooppalaisen uuden ajan kaksinapaista rationaalisuutta. Siinä opillinen koulufilosofia jatkaa keskiaikaista skolastiikkaa ja nostaa esille esimerkiksi Descartesin pohdinnat ruumiin ja sielun erosta. Todellinen dualismi on kuitenkin jotain kokonaisvaltaisempaa, tajunnallinen lokatiivi: eriytyvä Subjekti ja Objektivoituva todellisuus. Yhteisökehityksellisesti tapahtuu uusjäsennys sosiaalisesti sitovasta kollektivismista yksilölliseen eriytymiseen. Moraalisesti on kyseessä kehitys ulkoaohjaavasta normimoraalista sisäsyntyiseen omantunnonetiikkaan. Tiedollisesti taas tapahtuu teologispohjaisen koherenttisen totuudellisuuden korvautuminen korrespondenttisella totuudellisuudella. --

Sosiologian ja psykologian väliin aukeava ylittämätön kuilu, "välitila", jota Meadin pioneerityö, eivätkä hänen kollegansa tai jäljestätuleva sosiaalipsykologiakaan ole pystyneet kuromaan umpeen, tavallaan todellista ja konkretisoi "ihmisen ongelman" tai "ihmisen osan". Olemme kehityksemme jokaisessa kohdassa olentoja joita on kuvattava ja selitettävä kaksijakoisesti -- kaksilla käsitteillä, kahdessa eri kielimaailmassa. Kuvaan tulee mukaan myös aika, historia. Kaikkialla missä on "minän" dynamiikkaa, katse on käännettävä joko menneisyyteen tai tulevaisuuteen. Tämä on samaa kuin kuin jako sosiologiaan ja psykologiaan: on olemassa yhteisövoimia, yhteisöominaisuuksia ja yhteisöilmiöitä, jotka eivät ole palautettavissa yksilöiden ominaisuuksiin ja pyrkimyksiin. Yhteisö ei ole yksilöiden summa, vaan eri laatua.

Ihmisen lajityypillisen olemuksellisen sosiaalisuuden ymmärtäminen on eurooppalaisen uuden ajan ihmiselle käytännössä täy-

20

sin ylivoimaista. Aikalaisajattelumme individualismi on vahvistunut sokeuden asteelle. Ja tämän täydellistymisprosessin "tiedollinen" kääntöpuoli toteutuu juuri siinä että yliviljelemme yleiskäsitteet merkityssisällöiltään niin täydellisiksi että tajunnallinen magia kattaa myös "välitilan" aukot. "Yleiskäsitehän" on tajunnallisesti jotain symbioottista, se taannuttaa tiedollisen ajattelun hahmonmuodostuksen alkutilaan.

-- Hirveimpiä erehdyksiämme ovat ylihistoriallisilla, ylikulttuurisilla ja ylikansallisilla yleiskäsitteillä kyhätyt "ihmisarvo- ja -oikeusideologiat", jotka eivät enää sisällä mitään reaalista, vaan kertovat vain pyrkimyksestämme perääntyä kaiken "vallan" alkutilaan -- eli omaksua ja omistaa "Suuri Toinen", olla yli-ihmisiä.

Jakamaton "ihmisarvo" on taivaallinen idea, jonka tosiasiallinen puhdas tunnustuksellisuus tulee kauhealla tavalla ilmi siinä, että käytämme käsitettä miltei pelkästään jakaaksemme toisiamme ideologisiin leireihin. Ylimitoitetut yleiskäsitteet ovat aina olleet yli-ihmisten pateettinen ase kaiken arvostelun vaientamiseksi ja oman jumalallisen ryhmäsamaistumisen vahvistamiseksi.

Yleiskäsitteellistykset hävittävät tiedollisesta tajunnastamme kyvyn jäsentää ympäristöä -- ylipäänsä paikkaa ja aikaa. Kun kielimaailma muuttuu käsiterealismiksi, sitä pahempi reaalitodellisuudelle. Kognitiosta katoavat toimijaroolit, lokatiivit (sijamuodot), sanaluokat -- kaikki hallinta. Kaikkein "pätevin" yleiskäsitteellinen päättely pystyy sementoimaan kognitiiviset aukot -- ja niin vapahtaja kävelee vetten päällä. -- Sellainen vaikutus on yleiskäsitteistä kavalimmilla -- numeroilla. Taantuminen alkumagian valtaan liuottaa sanaluokkien rajat. Taloususkonto, joka on oman aikamme uusi valtauskonto, operoi "rahaan" kuuluvalla kaikkivoipaisuuskuvitelmalla ja tekee numeraaleista subjekteja. Esineistynyt matematiikka on iätöntä ja ajatonta, ja se voidaan liimata minkä reaalimaailman päälle tahansa. Näin yleiskäsitteillä ymmärryksensä noituva maailmamme ohjautuu pelkkien numeroiden -- esimerkiksi numeeristen "taloudellisten realiteettien" -- perustalta.

4.

Käsiterealismin maailmassa yritämme päästä käsitteelliseen selvyyteen erottamalla asioita toisistaan. Ikään kuin määrittelemällä erikseen yhteisö ja yksilö, valta ja tahto, tai valta ja tieto, jne, voisimme jokaiselle käsitteelle osoittaa ne nimenomaan sille ominaiset ominaisuudet jotka erottavat sen kaikista muista. Mutta juuri tämä johtaa harhaan, koska kysymyksessä ovat pikemminkin päällekkäin asettuvat kuin toisistaan erottuvat asiat. Yhteisö on yksilön edellytys, samoin valta on tahdon esiaste. Sosiaalinen valta metamorfoitui kehityksessä tiedolliseksi hallinnaksi. -- Se mitä pikemminkin tarvitsisimme olisi jonkinlainen kehityskerroksia läpäisevä röntgenkatse, joka valaisisi emergenttisiä syntyjä ja yhteyksiä. Eikä siis mikään käsiteanalyysi, jolla määritellään eroja.

Kun Jukka Hankamäki joutuu Mead-väitöksessään viittaamaan sosiaalipsykologisten peruskäsitteiden jättämään tietynlaiseen tyhjään "välitilaan" -- kaikki käsitteet eivät määrity toisillaan tai mitään yhtenäistä taustaa vasten -- hän valittelee tätä tilannetta, eikä ymmärrä että pyrkimys käsitteelliseen täydellisyyteen merkitsisi nimenomaan "välitilan" repeämistä aidon reaalimaailman ja käsiterealismin väliin.

"I", "Me", "Self", "Mind", "generalized Other", "Society" -- kaikki tuollaiset käsitteet on mahdotonta määritellä tyhjentävästi. Ne ovat lähtökohtaisia avainkäsitteitä, ja niillä on kaikkea ajatteluamme konstruroiva konstituoiva rooli. Käsiterealistiselle maailmalle ominainen "opillinen" ajattelulaatu tarvitsee nämä käsitteelliset ankkurointinsa, ja käsitemäärittelyt vain lisäävät termien auktorisoivaa valtaa. -- Yhtä hyvin voisimme ottaa lähtökohdaksemme täysin käsiterealistiset "monadit" ja puhua "tajunnallisista alkioista". "Vallan kaikkiallisuus" voi olla silmiä avaava ilmaisu. Joka tapauksessa sosiaalipsykologian traditionaalinen käsitteistö on ongelma jo lähtökohdissaan. On muodostettava mielteitä jotka jäljittävät pystysuunnassa sitä mikä jää käsitepintojen väliin.

Millaisia tajunnallisia alkioita ovat "mutta", "jos", "vaikka". (Hankamäki tosin puhuu "though"ista "ajatteluna".) -- Entä millainen ajattelun alkio on esimerkiksi pilkku, tai piste? -- Dennis Potterin "Laulavassa salapoliisissa" replikoidaan välimerkitkin kun lauseita sommitellaan päässä.

22

5.

Niin valtavan työn kuin Jukka Hankamäki onkin Mead-väitök-
sessään tehnyt, mihinkään selvyyteen hänkään ei pääse eikä pys-
ty käsittelemäänsä käsitekattausta asettamaan. Meadin "I", "Me",
"Self" ja "yleistynyt Toinen" kytketään Freudin "Id", "Ego" ja
"Super-ego" -käsitteisiin sekä vielä lacanilaiseen "symbolinen",
"imaginaarinen" ja "reaalinen" -jakoon ja lokerointiin -- lopulta
myös Zizekin viljelemiin saussurelaisen semiotiikan mausteilla
operoiviin kolmijakoihin -- ja kuitenkin, kaiken tämän käsi-
tevyöryn ja -työn keskelle, siihen kohtaan jossa selvyyden pitäisi
syntyä, jää tuo aiemmin mainittu "välitila" -- joka aiheuttaa sen
että olennaisin putoaa jäädytettyjen käsitelauttojen välisiin railoi-
hin. Tiedonalojen aidat on mitä ilmeisimmin pystytetty myös ja
ehkä nimenomaan suojaamaan meitä putoamiselta syvyyksiin.

"Välitila" saattaa olla seurausta nimenomaan käsitteellistämises-
tä -- miten kävisi, jos ottaisimme kaiken alustaksi jonkin vahvan
tosiasian, esimerkiksi kehitysajatuksen? -- Tosiasia, siis tosiasia
on, että ihminen on ennen muuta -- ja niin lajina kuin yksilöinä --
kehittyvä olento, ja jokaisen tajuntaan muodostuu varhaisessa
lapsuudessa ensin hahmo "sinä" ja vasta myöhemmin "minä".
Miksi "minuuden" ongelmat ylimalkaan otetaan kaiken käsitteel-
lisen käsittelyn lähtökohdaksi? Eihän "minä" ole mikään palau-
tuspiste, vaan paremminkin aina vain kehitysvaihe.

Käsitteillä ei ole sellaista autonomiaa joka antaisi käsitetodelli-
suudelle muuta kuin käsiterealismin arvon. Käsitteillä voidaan
toki muodostaa loogisia ontologioita, mutta niiden suhteen on to-
dettava Wittgensteinin tavoin, "ettei arvoitusta ole olemassa". Sa-
moin voisimme todeta, ettei "kehäpäätelmää" ole olemassa. Se-
kin muodostuu vain käsitteiden autonomian tasolla, ei todellisuu-
dessa. Todellisuudessa harhaisempaa on se että eri käsitteistöjä
käytetään näennäisesti (käsitteellisesti) eri asiayhteyksissä saman
alitajuisen ajatusmuodon ja todistelutarpeen toistoissa.

Filosofia voitaisiin määritellä toteamalla että se on ajattelualue
jolla vallitsee sen oma käsitteellinen autonomia. Autonomisilla
käsitteillä on tietty itsekantava ominaisuus, joka ekstrapoloi ja
laajentaa merkityksiä. Tällaiset käsitteet voidaan liimata todelli-
suuden päälle aivan vastaavalla tavalla kuin esimerkiksi numerot
voidaan liimata "taloudellisten realiteettien" yhteyteen. Yleistävä

23

ominaisuus noituu ymmärryksen, emmekä enää erota numeroita ja todellisuutta toisistaan. Siis että numeeristen "talousfaktojen" faktaominaisuus on vain numeroiden, ei niillä mitattavien sisältöjen ominaisuus. Käsitteet muodostuvat "tiedollisista" alkioista. Tapa jolla käsitteet kannattelevat itseään on sitä "valtaa" joka on niihin latautunut tai niissä vielä tallella. Logiikka voidaan nimetä opiksi "käsitteellisten operaatioiden muodoista", mutta muodot ovat tai toteuttavat lopulta paljaan tautologian. Muodot eivät pätevöitä sisältöjä, eikä sisältöjä voi mitätöidä muodoilla. Logiikan rooli on aina sama kuin mikä oli syysuhteen rooli antiikin kreikkalaisten ajattelussa. Heille "syyt" sisältyivät olioihin niiden ominaisuutena. Aivan samoin me omassa ajattelussamme voimme kokea "logiikan" ikään kuin sisältyvän käsitetietoon sen ominaisuutena.

6.

Käsitteiden varassa ajatteleminen tuo mukanaan sen, että päätellään käsitteistä todellisuuteen päin. Jos kielen syntymekanismeja varhaisessa lapsuudessa -- siis myös ihmislajin varhaisessa lapsuudessa -- tarkastellaan, kehitys on kuitenkin kokonaisesta osiin eriytyvä systeemi, ja kaiken lähtökohta, jos niin voidaan käsitteellisesti ilmaista, on nimenomaan jokin "holistinen" hahmotus.

Augustinus pohtii "Tunnustuksiensa" loppupuolella "aika"-käsitteen merkillisyyttä. Sitähän käytetään kyseenalaistamatta, miettimättä mitä se pitää sisällään. Jos pysähdymme miettimään, hämmennymme, koska emme todellakaan "tiedä" mitä "ajan" käsite ja määreet merkitsevät. Niin kauan kuin emme kysy, mikään ei meitä häiritse, jos kysymme, emme enää tiedä mitä tarkoitamme.

Ei liene sattumaa, että Wittgenstein "Tractatuksen" lopussa vetää rajan sen väliin mitä käsitteillä voidaan ilmaista ja mikä jää kielen mahdollisuuksien ulkopuolelle. Siinähän ei ole kyse vain tietyistä "alueista" -- kuten "etiikasta" ja "estetiikasta" -- vaan myös mitä "tiedollisimmista" sisällöistä.

Eikä liene sattumaa, että toisen julkaistavaksi aikomansa teksti-valikoiman, "Investigations"in, Wittgenstein aloittaa nimen-omaan Augustinus-sitaatilla -- kumoamalla kirkkoisän kuvauk-sen kielen "ostensiivisesta" oppimisprosessista. -- Tässä tapahtuu rekapitulaatio, paluu siihen, mistä itse asiassa "Tractatus"kin al-kaa, holismista -- siitä että "maailma on tosiasioiden, ei olioiden kokonaisuus".

Kielen oppimista ja ajattelun kehitystä voidaan verrata vaikkapa junaan, jossa taustalla vaikuttava historiallinen suuri kulttuuri ja aikalaistason käsitteenmuodostus asettavat ensimmäiset raiteet kohdalleen, ja junan on suunnistettava näiden kiskojen mukaan. Kehitykselle ominaista on myös se, etteivät junan vaunut voi vaihtaa paikkaansa, järjestystään. Juna on "holistinen" kokonai-suus.

Vertausta voidaan jatkaa nimeämällä junan vaunu "monadiksi". Aikalaistasolla näemme ikään kuin vain sivulle, emme eteen- tai taaksepäin. Se on se "Present", "nykyhetki", jota Mead tavoitte-lee. Tietyssä mielessä se on ainoa olemassaoleva, emme normaa-listi tiedä mitä takanamme on todella tapahtunut -- meillä on vain se käsitys jonka saimme kun matkasimme "menneisyyden" halki.

Ja sama koskee tulevaisuutta: kaikki perustuu siihen, että kiskot ovat niin sanokseni rautaa.

25

7.

Leibnizin "monadi" tarkoittaa tajunnallista alkiota. Monadologia on oppi näiden alkioiden aivan tietynlaisesta "ikkunattomuudesta".

Leibnizilla on opissaan sekä kokonaisvaltaisen kokemuksellisen solipsismin että "tiedolliseen" ajatteluun kuuluvan lokatiivisen asemoinnin ominaisuuksia. -- Kaikki tämä on sovitettavissa metaforaan "monadologian junasta" -- metaforaan, jonka Mead olisi aivan hyvin voinut esittää. Siinä junassa vaunussa istuva matkustaja on raiteiden armoilla, eikä hänellä ole "ikkunoita" meno- eikä tulosuuntaan. Hän näkee vain aikalaistodellisuuden sivuillaan.

Metafora junanvaunusta monadina joka on aikaraiteillaan -- aikajanalla menneisyyden ja tulevaisuuden suhteen -- ikkunaton ja jossa voi jotenkin olla tietoinen veturin olemassaolosta ja matkan päämäärästä mutta selvästi nähdä vain kunakin ajanhetkenä ohikiitävä maisema, aikalaistodellisuus, kuvaa hyvin myös tapaa jolla tajunnalliset alkiot matkaavat historiassa yhtenäistä köyttä muodostaen ja vahvaa aikajatkumoa kutoen, niin että vaikka maisemat vaihtuvatkin, niissä yleensä nähdään jokin vakioinen ominaisuus, siis tajunnallinen -- sosiologinen tai psykologinen -- vakio.

8.

Solipsismi, jonka ideaa myös Zizek käsittelee muistaakseni puhuessaan jossain yhteydessä leibnizilaisista monadeista, tarkoittaa sitä että "ulkoinen ihmisestä riippumaton todellisuus" on sisäsyntyinen projektio "minuuden" kuplan sisäpinnalla. Se on siis sisäsyntyinen kuva ikkunassa, josta joku luulee näkevänsä läpi ja sen, mitä projektio esittää. Monadi on avaruuskapseli -- sen "ikkunattomuus" on outo juttu, koska jostain ulkomaailmaa koskevista havainnoista niidenkin projektiokuvien on kehityttävä jotka ikkunan sisäpinnan sulkevat.

Leibnizin "monadi" on kapseloitu kompakti kiteytymä Spinozan nurinkäännetystä immanenssista. Monadi on ikkunaton mutta näkee itsensä ikkunastaan. Luoja tarkastelee itseään luomansa silmin.

26

9.

Isä Teilhardin idea "sielutetusta aineesta" toistaa spinozalaisen perusratkaisun eriytyvän minuuden ja objektivoituvan todellisuuden ongelmaan. Teilhard yrittää sisällyttää vastakohtaiset käsitteet toisiinsa aivan samoin kuin Spinoza yritti sisällyttää Subjektin ja Objektin toisiinsa. -- Tämä jesuiittaisän häikäisevä oivallus katosi kuitenkin pian keskustelusta, ja vain Monodin oppi "sattumasta ja välttämättömyydestä" jäi elämään.

Uudella ajalla vakiintuneessa kielimaailmassa kahtiajakautuminen "sisäiseen" ja "ulkoiseen" ei enää ilmene vain kartesionismin opillisena ongelmana "ruumiista" ja "sielusta", vaan laajana perustavanlaatuisena erona materialistisen ja idealistisen maailmankuvan välillä. Alkuperäinen kysymys materiasta ja hengestä on käsitetiedon karttuessa metamorfoitunut kysymykseksi "tiedon" ja "uskomusten", tai "tieteen" ja "populismin" vastakohtaisuudesta. "Tiedollinen" tai "tieteellinen" auktorisointi on se joka nykyisen "käsiterealistisen" järjen maailmassa pätee -- ja tässä auktorisoinnissa tapahtuva "vallan" sisäistäminen häivytetään kun itsekantavien yleiskäsitteiden varassa luodaan käsitepinnat ja sillat joilla kävellään ajattelun aukkojen yli.

Tapa jolla Isä Teilhardin ajattelu hävisi väittelyn Monodin "luonnontieteelliselle" käsitteistölle kertoo siitä miten tiukasti "tiedolliset" ajattelun alkiot voivat kutoutua "vallan" alkioiden päälle. Emme enää näe pohjaan asti, emmekä osaa asettaa kysymysmerkkejä tarpeeksi syvälle (Wittgenstein). Seuraus on se, että kun olemme väärässä, olemme sitä totaalisesti. Aikalaisjärkemme harhat ovat "kaikkiallisia", ja tässä mielessä palaamme taas -- ja tämä tapahtuu mitä hienoimpien arvojen ja asiantuntijaajattelun nimissä -- käsiterealistiseen keskiaikaan. Individualismi-liberalismi ja "ihmisarvo ja -oikeudet" ovat niitä ylihistoriallisilla, ylikulttuurisilla, ylikansallisilla ja yliyhteisöllisillä yleiskäsitteillä muotoiltuja, auktorisoituja skolastisia totuuksia, joita aikamme yli-ihmiset tunnustavat. Ja mikä on yli-ihmisten yhteiskuntajärjestelmä? Se on totalitarismi.

10.

Miksi niputamme yhteen tietyt, tietyn aikakauden filosofit? Kuten uuden ajan alun ajattelijat, mannermaan puolella Descartesin, Spinozan ja Leibnizin, saarivaltion puolella Locken, Berkeleyn ja Humen? -- Toki siksi, että nämä kytkeytyvät toisiinsa syvemmin kuin mitä ajattelun teoreettis-opillinen pinta kertoo. Toki siksi, että kuten vaistoamme filosofisten parivaljakkojen -- teesien ja antiteesien -- edustavan saman ongelmanasettelun eri puolia, samoin aavistamme miten tietyn ajan tietyt filosofit omasivat lähtökohtaisesti samanlaisia käsitteenmuodostuksia ja kysymyksenasetteluja, joihin sitten esittivät kukin omia ratkaisujaan. Descartes ja Spinoza etsivät kumpikin vastauksia samaan aikalaisongelmaan, joka oli "minän" ja "maailman" suhde. Ajan ilmassa oli tuo uusi hahmonmuodostus, Subjektin ja Objektin, tarkkailijan ja tarkkailtavan vastakohta. Subjekti haki vahvistautumistaan, objektivaatio otti kohteekseen ensin aivan samanarvoisina niin sisäiset mielenliikkeet kuin ulkoisen todellisuudenkin. -- Jokin ero tekee brittiperinteestä hieman eriviritteisen. Locken "tabula rasa" oli minäkuva, joka rakentui kokemuksen piirtäessä viivojaan. Berkeleyn "subjektiivinen idealismi", solipsismi, sementoi myyttis-ideaisen, ajattoman ja paikattoman tajunnantapahtuman, ihmisen ja jumaluuden kohtaamisen -- koko teologisen ajattelun. -- William James sanoisi ehkä että se kartoitti "uskonnollisen kokemuksen" perustoja. -- Humen joviaalit pohdiskelut impressioista ja muista mielen homunculuksista tavallaan todistettiin törmäyttämällä ne todellisuuteen ja kieltämällä syysuhde itseisarvoisena lähtökohtana ja myöntämällä moraaliprinsiipin itseisarvo.

Antropologisessa katsannossa koettaisimme palauttaa jokaisen aikakauden ajattelun alkutekijät ikään kuin kehityksellisesti kaikkein alkuperäisimpiin, mahdollisesti "valtaa" ja "tahtoa" muodostaviin tajunnallisiin alkioihin. Tämä "tajunnallisen alkion" idea eli vahvana Leibnizin "monadeissa". Hän oli joukosta ainoa joka jotenkin yritti eristää tämän elementin -- tehdä siis siitä eräänlaisen matemaattisen olion. Mielen matematiikka muodostuu tällaisista olennoista. Niiden suhde toisiinsa on matemaattisen olion ominaislaatu. Matemaattiset oliot ovat tietyllä tavalla itsenäisiä -- "ikkunattomia" -- mutta aivan määrätyllä tavalla

28

toisiinsa kytkettyjä ja yhtä suurta kokonaisuutta rakentavia. Nämä kytkentäkaavat ovat "malleja". Mitä matematiikka on? Se ei voi olla "faktista", sillä siltä ei voida riisua dynamiikkaa. Tämä dynamiikka on jotain yleiskäsitteille ominaista, eräänlainen tajunnallisen alkion "itsekantava" ominaisuus. Jokainen "monadi" on dynaaminen yksikkö. Ja on olemassa myös yleinen dynaaminen kokonaisuus, jonkinlainen sulkeutuva holismi. Kehitys on olemassa, ja ajatushistoriaa on mahdollista kirjoittaa. Tieteellä ja taiteella, kaikilla lajeilla, on historiansa. --
"Totuudellisuudella" on laatunsa -- on aina ollut. Ajaton ja paikaton "myyttinen" totuudellisuus on ehkä kehityksellisessä kokokuvassa kaiken "totuuden" ensimmäinen "olemus". Mutta tämä ajattomuus ja paikattomuus voi aktualisoitua koska tahansa -- jokaisen aikalaisajattelun ehdoissa on aina tämä mahdollisuus. Voimme koska tahansa taantua tajunnantilaan jossa aika ja paikka katoavat.

"Vallan" ja "tahdon" tajunnalliset alkiot voivat joskus nousta kapinaan, koota joukkonsa ja nostattaa sosiaalisen ylijännitteen ja massahurmoksen. Silloin yhteisöjen perustukset järkkyvät ja aikakaudet murenevat toisiksi. Jos hyvin käy. Mutta miksi muka välttämättä kävisi aina hyvin? Myös suuren historiallisen taantuman mahdollisuus on aina olemassa. Sitä ei mikään eliminoi.

Wittgensteinilainen "varmuus" on kaiken aikalaisajattelun olemuksellinen elementti. Hän kirjoitti sen G E Moorelle, jonka "todistus ulkomaailman olemassaolosta" on luettava pohdiskeluna "monadien" ikkunattomuudesta, tai, paremminkin, ikkunoiden erityisestä läpinäkyvyydestä. Enää en ihmettele miksi Jaakko Hintikka oli niin otettu E M Forsterin kirjoista. "Pisin matka" on todellakin alusta alkaen puhdasta filosofista monadipohdintaa. Tavallaan Wittgenstein toimi lasimestarina, joka omalla tavallaan ruudutti "kielen talon". -- Siinä metaforassa voi todellakin asua, tai asummekin, koko elämämme, ja siellä on kaikki, lattia allamme, se vintin ikkuna, näköalapaikka, johon voimme kiivetä kielen tikapuilla, ja kellarikerrokset, joihin paradoksaalisesti kiivetessämme laskeudumme, kuin Narkissoksen lähteen peilipinnan alainen maailma, jossa alitajunnallisten alkioiden olomuodot, mielemme pohjamutien homunculukset, nuo susilapset, ulvovat.

Ehkäpä tämä Narkissoksen peili on monadin ikkuna? -- Jos missään strukturalismissa tai konstruktivismissa on mitään pitävää, se saattaa sijoittua nimenomaan peiliin kahden yhtä fiktiivisen maailman välillä. Maailmankoordinaatiston nollapiste on nollapinta joka erottaa alitajunnallisen maailmanvallan alkiot pinnanylisistä tiedollisen maailman tajunnallisista alkioista. Vallan ja tiedon tajunnalliset alkiot ovat samanlaisia monadeja mutta vaikuttavat eri maailmoissa. Ja tämä on osa myös sitä mitä Wittgenstein tarkoitti sanoessaan, että "onnellisen ihmisen maailma on eri maailma kuin onnettoman". -- Ja aivan varmasti tämä on myös olennaisesti sitä mitä tarkoittaa todeta että "kulttuurit ovat kovia kognitiivisia tosiasioita".

11.

"Mistä ei voida puhua, siitä on oltava vaiti" tarkoittaa samaa kuin "Onnellisen ihmisen maailma on eri maailma kuin onnettoman". Siellä on pohjalla kääntymättömyyden ongelma. Se ei ole vain ongelma joka koskee kääntämistä kieleltä toiselle. Vain tietyt asiat ylimalkaan kääntyvät kielelle. Kaikki mikä pohjimmiltaan muodostaa tajuntamme ajatuksellisia alkioita -- kuten motivaatio -- jää itse asiassa "sanomatta". Sitä Wittgensteinin lause tarkoittaa. Ja tässäkin mielessä tajunnalliset alkiot ovat siis ikään kuin ikkunattomia Leibnizin "monadeja". Kieli ei näe itseään.
"Kulttuurit" ovat nimenomaan jotain kääntymätöntä. Ne varjelevat omaa kääntymättömyyttään. Juuri sitä "kulttuurit" ovat. Kulttuurinen kuvakielto ottaa rinnalleen kulttuurisen kääntämiskiellon. Niissä on kyse samasta "motiivista", tietystä yhteisövoimasta, institutionalisoitumisesta, jatkuvuudesta.
Samat ihmiset jotka Wittgensteinista mitään ymmärtämättä järkeilevät mitä "sisällöllistä" Tractatuksen loppulause milloinkin tarkoittaa, samat ihmiset käyttävät "sisällöllisiä" todisteluja argumentoidessaan sitä "mitä koraanissa todella sanotaan ja mitä islaminuskonto on tai ei ole".

Sellainen todistelu tai "asiantuntemus" on tietenkin pelkkää päälleliimattua tulkintatarvetta.

Jos islamilaisessa kulttuurissa esimerkiksi äänenkäyttö -- resitatiivisen kielen algoritmit ja soinnilliset intervallit -- määräävät, tiedollisilla merkityssisällöillä ei ole samaa roolia kuin eurooppalaisen uuden ajan ajattelussa. Niillä ei ole ollenkaan roolia. Totuus, joka on sitä mikä kulttuurissa on pyhää, on aina kokonaan muuta kuin "tiedollista".

12.

Suhteellisuusteoria on rakennettu minkowskilaisen aika-avaruuskäsityksen varaan, mikä tarkoittaa siis sitä, että mitattavat materiaaliset objektit tavallaan "ominaisuutenaan" omaavat olemassaolon paikassa ja ajassa. Käsite "ominaisuus" on jopa ymmärrettävissä vähän samansisältöisenä kuin miten antiikin kreikkalaiset sisällyttivät "syyt" olioihin niiden ominaisuuksina.

Tämäkin on yksi tapa tulkita "Tractatuksen" ensimmäinen lause ja sen täsmennys. Olioiden on oltava olemassa jotta maailma olisi olemassa -- eli saisi paikan ja ajan koordinaatiston. Tässä voisi jopa siteerata Einsteinia: "Jos kaikki materia häviäisi, mikään kello ei jäisi tyhjyyteen tikittämään, vaan myös aika katoaisi."

Nämä olivat ilmassa viime vuosisadan alussa. Mead tuo minkowskilaisen aika-avaruusjatkumon mielen ja "minuuden" näyttämölle, ja kaikki hänen hahmottamansa "subjektiminän", "objektiminän", ja myös "yleisen toisen" lokatiiviset hahmot ovat oikeastaan välttämätön jäsennys jotta nähtäisiin fysikaalisten koordinaatistojen työnjako. Fysiikka saa siis tässä toimia kaiken havaitsemisen ja tiedonhankinnan mekanismien mallina.

On erotettavissa kolme tasoa -- tai kokonaista maailmaa, mikäli ajatellaan esimerkiksi Wittgensteinin tavalla, että "onnellisen ihmisen maailma on eri kuin onnettoman". -- Ensinnäkin on olemassaoleva elämänmuoto ja siinä vakiintunut käsitteistö ja käsitykset esimerkiksi "syistä ja seurauksista". Sellaiseen arkikokemuksen ja -käsitteistön maailmaan voi fysiikka sitten tuoda lisävaloa, kokonaan toisen tason, joka auttaa meitä ymmärtämään syvemmin mistä tapahtumisessa "todellisuudessa" on kyse ja miten saavutamme todellisuudenhallintaa. Kolmas taso on sitten se jolla fysiikan "tieteelliset paradigmat" kokevat suuria mullistuksia -- siis sellaisia kuin juurikin suhteellisuusteoria oli.

Se mikä fysiikkatieteen suhteen on selvästi nähtävillä koskee kaikkea muutakin ajattelua. On ensinnäkin aina olemassa "aikalaisajattelu", jossa sementoituu kielelle ominainen pyrkimys pysäyttää ja kiinteyttää ajatteluelementtejä. Suurin osa ihmisistä käyttää suurimman osan elämästään sisäistääkseen aikalaisajattelun. Kouluinstituutio on aikalaisajattelun kivijalka ja -riippa.

Sitten, toiseksi, on olemassa esimerkiksi "yhteiskunnallista keskustelua", jossa aikalaisajattelun kiinteyksiä korjaillaan ja käsitteiden sisältöjä määritellään. Tämä keskustelu ei koskaan riitä tuomaan ratkaisuja todella vaikeisiin ongelmiin, jollaisia esimerkiksi eriperusteisten kulttuurien kohtaamisongelmat ovat. Yhtä mahdotonta kuin on puhua yli aikojen ja paradigmaattisten kulttuurimurrosten, yhtä mahdotonta on käsitellä eriperusteisten kulttuurien toisiaan tuhoavia vaikutuksia yhden kulttuurin koulusivistyksen eväillä.

Ja kolmanneksi: kaikkien "kehittyvien", siis ei-kivettyneiden, kulttuurien historiassa on olemassa noita suuria kulttuurimuutoksia, aikakausien taitteita, joissa tapahtuu kertakaikkista uudelleenorientoitumista ja joista jää historiaan suuria erottavia kulttuurikuiluja. Sanoisin, että eurooppalaisen keski- ja uudenajan murros oli ihmiskunnan kokemista kognitiivisista mullistuksista toistaiseksi ylivoimaisesti historiallisesti mittavin.

Kartesiolaisen paradigman varaan rakennettu rationaalisuus on luultavasti tuottanut kaiken sen suuren tiedollisen "edistyksen" joka sen lokatiivisista lähtökohdista on saavutettavissa. Se on hyvinkin mahdollista -- olemme saavuttaneet "laskennallisen totuuden" aikojen alusta ja pian ehkä lopustakin. Matematiikan ja metaforan ongelmallinen suhde jää edelleen olemaan.

Kolmesta "tasosta" puhuminen saattaa havainnollistaa meadilaisittain "minän" eri positioita ja sitä missä määrin "subjektiminä", "objektiminä" ja "yleinen toinen" omaavat erilaiset lokatiiviset asemat ja eriytyneen työnjaon. On selvää, että mitä pysähtyneempää kieliajattelu on, sitä vähemmän mielessä tapahtuu näkökulmien vaihtelua. Kulttuurikognition perustasolla ajattelu on pelkästään "tunnistavaa" -- eli siis "tunnustuksellista". Tarvitaan "minän" erilaisia roolihahmoja jotta samaistuminen sosiaalisen tilanteen moniin rooleihin olisi mahdollista.

32

"Minän" eriytyessä ajattelun ja saavutetun "tiedon" laatuominaisuudet muuttuvat. Se mikä määritellään "objektiiviseksi" -- materiaalinen kohde tai todellisuuden suhde -- tarvitsee niin "minän" sisäisten roolien kuin kanssaihmisten vastaavien roolien varmistusta. Tämä on tärkeä huomata: kyse ei ole vain "tiedon" määrästä -- jolla on merkityksensä lähinnä tunnistamistasolla -- vaan nimenomaan laatuominaisuuksien muuttumisesta. Paradigmoja kyseenalaistava, muuttuva tai muuttava "tieto" mahdollistuu vasta maailmassa jossa kaikki "minän" roolit ovat aktiivisessa käytössä.

13.

Wittgensteinilainen "varmuus" -- jonka hän omi, ehkä, Moorelta, mutta jonka olemassaolon on monikin viime vuosisadan alkupuolen ajattelija jossain muodossa hahmottanut -- on tietenkin myös sama asia kuin "yleinen toinen" tai "Suuri Yhteinen Valhe". Yhteiskunnalliselle keskustelulle tekisi hyvää, jos keskustelijat eivät samaistaisi "varmuutta" ja "totuutta". -- Että siis yleisemmin ymmärrettäisiin että kaikki kielestä -- käsitteistä ja merkityksistä -- muodostuva ajattelu on syntynyt ja suhteutuu vain "yleiseen taustaan". Että siis "totuus" on eri asia, tai ei ainakaan kokonaan sama asia kuin palautuminen taustavakauteen.

Durkheimilaisen sosiologian perusajatus on, että ajattelun muodot ovat olemassa ja ensisijaisia, sisällöt ja merkitykset vain uutta täytettä vanhoissa munankuorissa. Valtavirta-ajattelussa sementoituneet "arvot" omaavat enemmän statukseensa kuin sisältöihinsä liittyviä ominaisuuksia. Ajattelu ja siihen implikoituvat arvot muodostavat sosiaalisia jatkumoita -- ne ovat punoksia joista "yhteisöt" kutoutuvat. -- Joka ymmärtää tämän marssijärjestyksen ei erehdy kuvittelemaan, että sosiodynaamisesti erilaatuisia kulttuureja voitaisiin esimerkiksi "opillis-sisällöllisiä dialogeja" käyden lähentää toisiinsa.

33

14.

Yhteiskunnissa vallitsee aina jokin institutionalisoitunut "totuus". Se on sitä mitä Wittgenstein tarkoitti "varmuudella" -- eli jokin ajattelun vakaus, sementoitunut ajatusalusta, joka vasta tekee esimerkiksi kritiikin mahdolliseksi. Se on "yleistynyt Toinen", "suuri Toinen", tai ehkä eniten kuvaavalla tavalla ilmaistuna "Suuri Yhteinen Valhe".

Se määrää mitä vallanpitäjät puhuvat ja päättävät, se sanelee sen mitä journalistit kirjoittavat. Se auktorisoi vallitsevan ajattelun institutionaaliset sisällöt ja sulkee ontologiseen putkeensa "tiedon" joka koetaan "tositiedoksi". -- Mutta juuri totuuden kanssa sillä ei lopulta ole mitään tekemistä. Totuus on kokonaan toinen juttu. Ja myös sellainen yhteiskuntatilanne on enemmän kuin täysin mahdollinen, että ihmisten enemmistö ajattelee kokonaan toisin kuin mikä on vallalla oleva "virallinen Totuus" -- mutta oikealla totuudella ei kuitenkaan ole mitään mahdollisuuksia päästä esille, tulla edes julkilausutuksi.

Paradoksaalisesti on niin että yhteisöt tarvitsevat tuon "varman" ajatusalustan, vakiintuneen kielimaailman, jota voidaan kyseenalaistaa tai horjuttaa vain hyvin pieneltä osalta kerrallaan. Tätä kaiken "totuudellisuuden" valtaolemuksellista "tunnustuksellista" ominaisuutta ei mikään eikä kukaan voi muuksi muuttaa. Sitä tarkoittaa se kun sanomme, että kieli ja ajattelu ovat sosiaalisia muodosteita. Niillä on ensisijainen sosiaalinen tehtävänsä -- ne ovat se alusta tai liima-aine joka muodostaa sosiaalisen ja historiallisen jatkumon, ja ilman ajattelun instituutioita olisimme hukassa. Kieli ja ajattelu ovat yhteisöilmiöitä.

Totuudella ylimalkaan, ja varsinkaan uusilla totuuksilla, ei juuri ole mahdollisuuksia muuttaa radikaalisti maailmaa. Siellä missä aivan uudet ajatukset leviävät näennäisesti hämmästyttävän nopeasti -- sanotaan nyt esimerkiksi vaikka se tapa, jolla esiripun käyttö teatterissa levisi 1600-luvun alkupuolella kuin humahdus muutamassa vuosikymmenessä läpi Euroopan -- tai vaikkapa se huima nopeus jolla niin sanottu "vihreä ajattelu" muutti politiikkaa muutamassa vuosikymmenessä niin että kaikki itseään sivistyneenä pitävät maat perustivat hallituksiinsa ympäristöministeriön -- siellä kyseessä eivät ole varsinaisesti uudet asiat, vaan ajassa jo pitkään pinnanalaisina kypsyneet muotoaan hakevat jatkumot, jotka lopulta vain purkautuivat julki kun sopiva sisältö sattui kohdalle.

Siis saman kaavan mukaan kuin Neuvostoliiton ja itäblokin sosialistiset järjestelmät romahtivat näennäisen nopeaan tahtiin -- niissäkin systeemin hajoaminen oli itse asiassa jo tapahtunut pinnan alla, joten vyöry kävi yhteisöjen läpi kuin roihu valmiiksi kytevässä ryteikössä.

-- Sanoisin, että samanlainen tilanne vallitsee nyt laajalti ottaen vanhoissa eurooppalaisissa kansallisvaltioissa, joissa vieraskulttuuriset kansainvaellukset ovat pinnanalaisesti romauttamassa yhteiskunnallisen eheyden ehdot ja kulttuuriset hylkimisreaktiot on toistaiseksi vain padottu odottamaan purkautumistaan.

Historiallinen tragedia muodostuu siitä, että eurooppalaisen uuden ajan ehkä hienoin henkinen saavutus, edustuksellinen demokratia, ei riitä muuttamaan tilannetta, jossa "poliittisen korrektiuden" mukainen "suuri yhteinen valhe" painaa ajatusjatkumon vaakakupissa enemmän ja määrää sen mitä ja millaisilla käsitteillä politiikassa ja journalismissa tulehtuneita tuntoja käsitellään -- eli jätetään kipeät sisällöt käsittelemättä. Historiallisesti alistettuna, alistamis- ja alamaisasenteet sisäistäneenä ja kaikessa aina kipeästi kahtiajakautuvana kansana suomalaiset tietenkin ovat kestämättömässä tilanteessa kansainvaellusten suhteen. Meillä yhteiskunnallisen eliitin ylläpitämä yhteinen valhe ja sillä oikeutettu viranomaisten kontrollipolitiikka vain vahvistuvat ja kiristyvät, eikä kukaan tule tarpeeksi ajoissa myöntämään tosiasioita toisiinsa sopeutumattomista kulttuureista.

35

15.

Se tosiseikka, että jokainen yhteiskunta tarvitsee tietyt yhteisöllisyyden perustekijät ollakseen yhteiskunta, ja että yhteisöä läpäisevä "kielimaailma" -- eli wittgensteinilaisittain siis tietty kaiken taustalla vaikuttava ajatteluvakaus, hahmon- ja käsitteenmuodostuksellinen jatkumo, "varmuus" -- on vahvempi instituutio kuin mitä voi olla mikään erimuotoisen "kriittisen" ajattelun -- esimerkiksi vaikkapa "tieteellisen tutkimuksen" -- siihen lisäämä rooli, on tavattoman armoton tosiseikka. -- "Vain varmuuden pohjalta on kriittinen epäily mahdollista", Wittgenstein sanoi. -- Tilanne yhteiskunnassa on aina se, että niin sanottu Suuri Yhteinen Valhe painaa kaikissa "vallan" mekanismeissa lähtökohtaisesti enemmän kuin mikään kriittinen -- "tieteellinenkään" -- "totuus". (On tietysti muistettava varaukset, jotka koskevat kaikkea "tiedeyhteisön" omassa keskuudessaan varjelemaa, niinikään institutionalisoitunutta ja erityisellä "tiedollisella" tavalla "auktorisoitua" totuutta, joka sekin on olemuksellisesti ihan tietyn kielimaailman jatkumossa elävän yhteisön sisäistä "varmuutta".)

Yhteisöolento omaa tajunnassaan "yleistyneen Toisen", "suuren Toisen", johon se suhteuttaa kaiken eteen tulevan "uuden". Valtaosan kaikesta ajatteluaineksesta on toistettava jo olemassaolevaa, vain hyvin pieni osa kaikesta ajattelusta voi olla "luovaa". -- Lajityypillisesti läpisosiaalisen olennon, ihmisen, kaikkia sosiaalisia muodosteita, jollainen juuri kaiken kulttuurievoluution mahdollistanut kieli ja ajattelu on, koskee vahva taipumus institutionalisoitua. Pyrkimys kieli- ja ajattelumuotojen pysyvyyteen on kehityshistoriallisesti ollut selviytymisen ja menestymisen ensimmäinen ehto. Kieli ja ajattelu pyrkivät aina vakiinnuttamaan taustan lokatiiviset hahmot ja kiinteyttämään käsitteiden sisällöt ja käytön. -- Juuri tämän erinomaisen tärkeän, yhteisövoimien, yhteisöominaisuuksien ja yhteisöilmiöiden ymmärtämisen kannalta aivan välttämättömän institutionalisoitumistaipumuksen esiin nostamiseksi on oikeutettua käyttää erityisiä uusia käsitteitä -- sellaisia kuin "lokatiivi" tai "käsitekiinteys" ja "käsitepinnat". -- Emme ymmärrä ihmistä, ellemme ymmärrä että hänessä on olennaisinta hänen olemuksellinen sosiaalisuutensa, emmekä ymmärrä sosiaalisuuden olemusta ellemme ymmärrä sosiaalisia muodosteita -- ja kaikkien sosiaalisten muodosteiden olennaisin ominaisuus on niiden "itsekantavuus", institutionaalisuus, historiallinen jatkuvuus.

Tämän kaikkia yhteisöjä koskeva kielimaailman institutionaalisuus tekee ymmärrettäväksi esimerkiksi niin sanotun "kolmenkymmenen vuoden kulttuurivitkan". Sillä tarkoitetaan sitä keskimääräistä viivettä, joka kuluu siitä, kun yleisen ajattelun tai jonkin erityisalan edelläkävijät esittävät vallankumouksellisia ideoitaan, siihen, että ne leviävät "yleiseen tietoisuuteen" ja alkavat hitaasti rakentaa uutta aikalaisajattelua, uutta "vallitsevaa totuutta". -- Ja kaikista uusista totuuksista on oikeasti uutta vain minimaalinen marginaali -- useimmat "uusina totuuksina" koetut asiat ovat vain "uusia sisältöjä vanhoissa munankuorissa" (Wittgenstein) -- eli ne vain tuovat näennäisesti uuden käsitetäytteen johonkin vallitsevan ajattelun institutionaaliseen lokeroon. -- Nyt esimerkiksi ihmiskunnan kaikkina aikoina tarvitsemaan "tunnustuksellisuuteen" aina kuuluva eskatologia -- joka on siis kaikessa ajattelussamme vaikuttavan pohjimmaisen uskonnollislaatuisuuden yksi ohittamaton lokero -- on "tiedollisilta" sisällöiltään reilun puolen vuosisadan takaisten harvojen pioneeriajattelijoiden "vihreää" luonnonsuojeluideologiaa. Siitä on globalismin oloissa muodostunut maapallonmittaista maailmanlopunpalvontaa, jossa vuosikymmenten varrella käytiin läpi ensin kymmeniä potentiaalisia tuho- ja uhkakuvaehdokkaita, kunnes päädyttiin "tieteellisesti" kyllin monimuuttujaiseen ja kumoamattomaan "ilmastonmuutokseen". Pitkä tie kasvinsuojelumyrkyistä ravintoketjujen, ravinnon ja raaka-aineiden loppumisen, saastumisen, otsonikadon, uuden jääkauden, yms, kautta ilmaston katastrofaaliseen lämpenemiseen on todellisuudessa ollut kulttuurivitkan tulvivaa tuomiopäivän saarnaa esihistoriasta asti kaivetuissa ikiaikaisen uskonnollispohjaisen ajattelun ojissa.

Ei ole oikeastaan mitään ihmeellistä siinä, että tämä "vihreä ajattelu" löi itsensä maailmanlaajasti läpi suhteellisen lyhyen kulttuurivitkan aikana. Pioneeriajattelu syntyi 60-luvulla maanpäällisiä ydinkoeräjäytyksiä vastustaneen laajan kansanliikkeen perillisenä -- se oli siis institutionaalinen jatke jo olemassaolleille globaaleille uhkakuville. Mutatis mutandis -- tarvitsi vain demonisoida (kontaminoida, saastuttaa) myös ydinvoiman rauhanomainen käyttö ja liimata russellilaisen rauhanliikkeen harakanvarvasmerkin päälle uuden aatteen nimi: "Greenpeace". -- Siitä alkoi vimmattu maailmanlopunennusteiden muotoilu, jonka onneton motivaatio on -- niin ensisijaista kuin se "vihreän ajattelun" lanseerautumisessa onkin ollut -- tietysti syytä erottaa siitä mahdollisuudesta että uhkakuvien joukossa voi olla myös tiedollisesti oikeitakin uhkia. -- Lopputulemana oli kuitenkin, että jo 90-luvulla useimpien itsensä "sivistyneinä" pitävien maiden hallituksissa oli erityinen ympäristöministeriö. -- Poliitikot omivat varsin valikoituja tiedollisia sisältöjä muuten kuin vasta äärimmäisen pakon edessä, mutta "kaikkiallista" valtaa tarjoavia globaaleja uhkakuvia he imevät propagandistiseen ohjelma-ajatteluunsa kuin uskonnosta humaltuneet juopot sienet. Kokokuvassa kulttuurivitkan nopeus kertoo jotain siitä miten syvästi uskonnollista valta-ajattelua "vihreä" eskatologia on.

Poliittisen mielipiteenmuodostuksen osalta on todettava vielä, että yhteiskunnassa valta-ajatteluna institutionalisoitunut kulloinenkin "varmuus" -- joukkomittainen "yleistynyt, suuri Toinen" -- on kielimaailman ilmiönä eri asia kuin se, mitä yksittäisten ihmisten enemmistö jostain kysymyksestä ajattelee. Poliittinen valtataistelu tapahtuu institutionaalisen varmuuden alustalla, jonka ilmiö myös niin sanottu "poliittinen korrektius" on, ja tosiasiassa poliitikot ovat se este joka estää autenttisen demokratian toteutumisen. -- Politiikka, poliitikot ja poliittiset, aatteelliset ja opilliset ideologiat ovat kaiken taantumuksen -- ja myös yhteiskunnan kriisiytyessä tapahtuvan taantumisen -- varsinaisia ankkuripaaluja. -- Aatteelliset ja opillis-tiedolliset "ismit" sulavat postmodernissa maailmassamme toisiinsa, ja se "ismi" mikä kriisiytymisen yhteydessä taantuu "kaikkiallisen vallan" suuntaan ja muuttuu yhä "totalitaristisemman" yhteiskuntajärjestyksen sementoituneeksi "käsitepinnaksi", on nimenomaan juuri kulloinkin aikalaisajattelussa pinnalla olevan "poliittisen korrektiuden" opillinen sisältö. -- Tämä on asia jota emme selvästi näe emmekä osaa varoa.

Emme ymmärrä että totalitarismi on yhteisötason ilmiö -- se kuuluu "kaikkiallisen vallan" maailmaan, eikä se suinkaan muodostu niistä syistä ja seurauksista joita yksilöllinen mieli voi tiedollis-opillisilla käsitepinnoillaan kehitellä. Taantuminen täydellisen kollektiivitajunnan tilaan on tietyssä mielessä yleisinhimillinen mekanismi, vaikka varsinainen raju taantuminen voikin tapahtua vain kulttuurikognitiivisesti pitkälle kehittyneissä yhteiskunnissa. Maailmassa on miltei kivettyneitä teokratioita, joissa vallitsee jatkuva kehitystaantuma. Niiden kehitysongelmia emme pysty omassa keskuudessamme vallitsevan "poliittisen korrektiuden" amputoiman ajattelun -- lähtökohtaiseen käsitteen-muodostukseen jäävien valkoisten tabuaukkojen vuoksi -- käsittelemään. Ja tuskin edes tunnistaisimme kaiken kulttuurikehityksen reunaehtoja -- että kehitystä voi tapahtua vain kunkin kulttuurin omien kulttuurievolutiivisten perusasetusten pohjalta, kunkin kulttuurin omilla ehdoilla ja vauhdilla. --

Mutta emme edes näe mitä merkitsee, että oikeistolainen natsitotalitarismi ja kommunistinen neuvostototalitarismi omasivat samat ominaisuudet ja toteuttivat samanlaista julmuutta. (Molemmissa kriisiytynyt yhteiskunta jakautui, ideologinen "kaikki-allinen" tunnustuksellisuus otti vallan, Johtaja ja Kansa julistettiin yhdeksi ja samaksi.) -- Jos ymmärtäisimme, että totalitarismi on yhteisöilmiö, me myös ymmärtäisimme, että yhteiskunnat voivat vajota taantumaan ihan minkä tahansa poliittisen ideologian tai tiedollis-opillisen sisällön nimissä. Tai, siis, ei suinkaan minkä tahansa opin nimissä, vaan taantumamekanismien mukaisesti juuri sen nimenomaisen tunnustuksen nimissä, joka omaa yhteisen auktorisoinnin, toimii "yleistyneen suuren Toisen" roolissa ja nauttii "poliittisen korrektiuden" suomaa ja suojaamaa koskemattomuutta. --

Eurooppalainen uusi aika on ihmiskunnan historiassa aivan ennen näkemätön ja erityinen aikakausi. Viimekädessä juuri tämä erityislaatuisuus -- kansallisvaltioiden sisäiset kriisiytymiset -- aiheuttivat viime vuosisadalla kaksi maailmansotaa. Kun eurooppalaiset kansallisvaltiot massamittaisten kansainvaellusten seurauksena tulevalla vuosisadalla kriisiytyvät ja sisäisesti hajoavat -- sosiaalisesti, taloudellisesti, terveydellisesti, ja, mikä meille on mahdotonta ymmärtää, myös tiedollis-kognitiivisesti, ja kun kulttuurisen hylkimisreaktiot puolin ja toisin räjäyttävät sosiaaliset häiriöt, totalitarismiin tullaan ajautumaan "punavihreän ihmisarvo- ja -oikeusideologian" nimissä.

16.

"Uskontoelämän alkeismuodoissa" Durkheim tekee mahtimittaisen yrityksen palauttaa kaikki käsitteellinen ja tiedollinen hallinta alkuperäisiin yhteisövoimiin, sosiaalisen vallan ja organisoitumisen ilmiöihin. Ihminen on alusta alkaen, lähtökohtaisesti ja olemuksellisesti, sosiaalinen laji, ja juuri sosiaalisen vallan ja hallinnan elementit muodostavat sen fundamentin jolle kaikki käsitteellis-tiedollinenkin todellisuudenhallinta alusta alkaen ja loppuun saakka rakentuu.

Näkemys sosiaalisesta vallasta laajentuu siis luontevasti kehityksellisessä suunnassa, jossa kognitiiviset kyvyt näyttäisivät interaktion ja yksilöllisen eriytymisen, intersubjektiivisuuden, myötä lopulta omana aikanamme muodostavan jonkinlaisen "oman todellisuutensa" tai "ajatusavaruuden", tms. Nykyinen tiedollinen asiahallintamme on syntynyt kiinteässä yhteydessä eurooppalaisen uuden ajan individualismin kanssa, joten kehityksen kokokuva tukee kauniisti durkheimilaisia lähtökohtaoletuksia. -- Kehityksellisesti taaksepäin laajentamalla voitaisiin vastaavalla tavalla kuvaan mukaan tuoda kehityksellisen matkan varrella syntyneiden "maailmankatsomuksellisten" selitysten mukana tullutta käsitteistöä, kuten uskontojen maailmanselitykset, "luonnonfilosofinen" käsitteistö, biologis-emergenttisia voimia vastaavat kognitiiviset emergenssit, jne.

Jos haluamme hahmottaa maailman oikein -- eli wittgensteinilaisittain "nähdä maailman oikein" -- meidän on ymmärrettävä oma kehityshistoriamme ikään kuin ajan nuolen kummassakin suunnassa -- yhtäältä siinä minkä nyt koemme oman "tiedollisen" kehittyneisyytemme ytimenä, sekä myös siinä minkä tiedollinen kehitys on valjastanut käyttöönsä ja minkä kehitykselliset perustat se on jättänyt durkheimilaisen tajunnallisen arkeologian esiin kaivettaviksi.

17.

Samuuden tunnistaminen ja säännön ulkoistaminen ovat kaikille eläville orgaaneille ominaisia selviytymisohjelmia. Ne ovat kaiken "ajattelun" alku. Kielimaailmojen ja itsetietoisuuden synty ovat asioita joita emme pysty täysin ymmärtämään. Niissä ollaan evoluutiopyramidin huipulla, ja kylvetään valossa jota on mahdotonta suunnata takaisin kehitysvaiheisiin jolloin käsitteitä ei vielä ollut. "Kehitys" on aina niin sanoakseni yhdensuuntainen perspektiivi. Lapsi ei voi ymmärtää mitä merkitsee olla aikuinen, mutta odotamme että aikuisen pitäisi pystyä ymmärtämään millaista on olla lapsi. Mutta taannuttamisessakin tulee raja vastaan -- emme voi käsitetiedon varassa sukeltaa tajunnan pohjaan saakka, siihen syvyyteen, jossa hahmoista vasta alkaa muodostua käsitteitä.

Aristoteeliset ajattelun kategoriat, jotka Kant elvytti, voivat olla alkuperäisiä, tai sitten olemme liimanneet ne alkuperäisen hahmottoman tajunnan päälle. Me olemme pakotetut tällaiseen outoon takaisinkytkentään, puhumaan kielellä kielestä, sillä mitään muuta ymmärtämisen mahdollisuutta meillä ei ole. Kielimaailmaa ei oikeasti voi palauttaa tajunnalliseen alkutilaan, jossa alkiotkaan eivät vielä ole hahmottuneet. Meidän on kuitenkin kuviteltava tuollainen tila -- pääteltävä se laskeutumalla "kielen tikkailla" takaisin kellariin -- ja se on tosiasiassa vastaava prosessi kuin Wittgensteinin nousu kielen tikkailla näköalapaikalle, josta kielimaailman rajat paljastuvat ja muut mahdolliset maailmat aukeavat.

Leibnizin "monadologia" on opillinen yritys kuvata ajattelun alkioita ennen kuin ajattelu lokeroituu kategorioihin. Tässä yrityksessä on mahdollista nähdä eurooppalaisen uuden ajan kartesiolainen järki vielä sellaisena kuin se oli ennen kuin käsitetieto otti vallan. "Monadologiaa" on luettava niin että korostuu se kahtiajako joka erottaa "alkioihin" palauttavan ajattelun ja opillistamisyritykset toisistaan. Leibnizin dynaaminen draivi pyrkii nivomaan nämä yhteen, alkiot opillisten todistelujen oikeuttajiksi. Se on tavallaan vastoin hänen omia ideoitaan, mutta niin "Monadologiassa" tapahtuu. Lukijan on nyt pidettävä aivokirurgin veitsi kädessään leikataksseen alkiot erilleen sieltä missä ne pyr-

41

kivät yhdistymään käsitteellisiin perusteluihin. Leibnizin "monadi" on tajunnallisen alkion idea. Myöhemmät ajattelijat käyttivät jo paljon enemmän käsitepinta-alaa opillisten todistelujensa maaperän vahvistamiseksi. Kategorisoivat aitaukset kuuluvat luontevasti myöhempään ajatteluun. "Monadin" idea on toki ajatushistoriallisessa perspektiivissä laajennettavissa opillisesti. Silloin on nostettava Leibnizin rinnalle Berkeley ja "solipsismi". Näinhän Zizek tekee. On nähtävä millaisia olivat tuon ajan ajatusongelmat -- miten kaikkialla oli ilmassa kartesiolainen eriytyvän Subjektin ja Objektivoituvan todellisuuden vastakohta. Tähän aikalaisongelmaan Descartesin ratkaisu oli toisensuuntainen kuin Spinozan ratkaisu samaan ongelmaan -- Spinoza kutoi sisäisen ja ulkoisen toisiinsa kuin nurinkäännetyn lammasnahkaturkin. Tähän tarvittiin teologispohjaista kielimaailmaa. Immanenssi ratkaisi transkendenssin. -- Me tiedämme, että kartesiolainen vastakohta -- jännite sisäisen ja ulkoisen välillä -- tuotti projektioita uusien erityistieteiden suureita varten. Nyt tieteiden kielimaailmat ovat "objektivoituneet" jo niin totaalisesti, ettemme enää näe järkemme lähtökohtia -- että liikumme edelleen vain niiden mahdollisuuksien rajoissa joissa projektio on toteutunut. --

Leibniz jäljitti ajattelun ehtoja, ajattelun alkioita, ja hänen vastauksensa oli perusyksikkö nimeltään "monadi". Tässä perusyksikössä sisäisen ja ulkoisen rajapinta on sisältäpäin sulkeutuva, vaikka koko "monadin" monadimaisuus on ulkoa nähty ominaisuus. Tämä lokatiivinen kaksinapaisuus vastaa Berkeleyn ideaa "solipsismista". Solipsismissa ulkomaailma on projektio mielen sisäpinnalla. Siinä missä "monadi" kiteyttää kaiken ytimen, siinä "solipsismi" kiteyttää sisäisen ja ulkoisen rajapinnan. Jos solipsismin maailma on "ikkunaton", projektio korvaa ikkunan. -- Itse asiassa juuri näin kävi Leibnizillekin -- myös hänen "monadinsa" ikkunattomuus merkitsee ennemminkin aivan tiettyä käsitteellistä läpäisevyyttä ja kytkentämahdollisuuksia. Niin ideaista kuin puhe "monadeista" onkin, Leibniz luo ideansa kielimaailmassa joka on ladattu dynaamisesti täyteen opillisia todistelutarpeita.

Kun akateeminen auktoriteetti puhuu Leibnizin monadeista, tai sanoo Humen "kumonneen" Berkeleyn solipsismin, hän todistaa oman totaalisen ymmärtämättömyytensä ajattelun fundamenttien, "vallan" kaikkiallisuuden ja tajunnallisten alkioiden suhteen.

18.

Wittgensteinin nuoruudenteos on noteerattavissa 1900-luvun eniten keskustelua nostattaneena filosofisena traktaattina, mutta suhteessa akateemisen käsittelyn määrään pitäisi puhua enemmänkin väärinymmärtämisestä tai suoranaista hyväksikäytöstä kuin yleisesti lisääntyneestä ymmärryksestä.

Wittgenstein sekä käsitteli kieltä "matemaattis-loogisin" työkaluin että käsitteellisti kielellisin työkaluin matematiikkaa ja logiikkaa. "Maailmaa" ajatellaan "tosiasioina", ja "totuudelle" annetaan kriteeriksi jokin ominaisuus joka (olemuksellisesti) vaikuttaa niin lauseiden kuin formalismien "rakenteissa". Mutta käsittelyn lopputulemana ei ollut sen todistaminen, että nämä kahtalaiset rakenteet lankeaisivat yhteen, vaan pikemminkin päinvastoin -- että vaikka kielellä sanottaisiin kaikki mikä ylipäänsä on mahdollista sanoa, juuri mitään ei vielä olisi saatu sanotuksi.

Maailman ja lauseen rakenteiden formaali samaistaminen ei ehkä ole "väärin", mutta se ei ole riittävästi. Akateemiselle maailmalle se kuitenkin tuntui riittävän -- ja sitä riittää vieläkin. Ehkä ajattomat matemaattiset oliot liimattuina kielen vakioisiksi ajateltuihin rakennuspalikoihin ovat jonkinlainen puzzle, jolla voidaan luoda loputtomasti todisteluja. Koska kaikki "pätevyys" sisältyy jo työkaluihin ja seuraa mukana tulosten summaamiseen saakka, akatemia lentää taivaalla kuin aurinko.

Wittgensteinin kuoleman jälkeen julki saatettu myöhäisfilosofia tavallaan tuplasi nämä akateemiset vaikutukset. Tärkeät kysymykset käsitteiden genealogisesta esihistoriasta jäivät esittämättä, kun väitöskirjoja ruvettiin väsäämään relativistisesti väärinymmärretyn kielipeli-idean pohjalta. On houkuttelevaa oikeuttaa jokaisen kuppikunnan oma "totuus" puhumalla siitä wittgensteinilaisten kielipelien raameissa. W W Bartley III luetteli Wittgensteinin "kadotetuista" vuosista kertovassa teoksessaan puoli sivua tuollaisten väitöskirjojen nimiä. (Meillä Suomessakin on tyypillinen, Reijo Työrinojan "Uskon kielioppi".) --

Jos postuumisti julkaistun "Investigations"-teoksen varsinaista antia ajatellaan, sekin alkaa jo alkulauseista, joissa Wittgenstein hylkää Augustinuksen kertomuksen kielen oppimisesta "ostensiivisesti". Idea, mielikuva, ajatus, odotus, vaatimus, jne, siitä että

43

yhdellä käsitteellä on tai pitäisi olla yksi täsmällinen merkitys, on alusta alkaen väärä. Tämän jälkeen Wittgenstein kartoittaa mittavan määrän kielen käyttötilanteita, joissa käsitteiden käyttötapojen tosiasiallinen moninaisuus hyvin näyttäytyy. Käsite- ja merkityssisällöt eivät sulkeudu kielen sisään yhtenäisenä kaikkialla pätevänä sääntönä, vaan kieltä kokonaisuudessaan on ajateltava osana "elämänmuotoa". On niin, että jokaisella erilaatuisella elämänalueella käytetään käsitteitä juuri sille ominaisin merkityksin. (Mutta Wittgenstein ei koskaan itse käyttänyt tätä teesiä minkään erityisen käyttötavan oikeuttamiseen saati jonkin opin nostamiseen muiden yläpuolelle.)

"Investigations" asettaa kaikki pohdiskelunsa koskemaan ikään kuin "käytössä olevaa" kieltä, ja jossain mielessä tämä tietyllä tavalla ideaalinen mielikuva kielestä jättää ulos sen, että kieli on kuitenkin lajihistoriallisesti kehittynyt muodoste, jossa kielen ominaisuudet ja toimintatavat ovat laadullisesti aikojen mukana muuttuneet. Ei ole vain niin, että kukin käsite saa viimekätisen merkityksensä siinä tilanteessa jossa sitä käytetään, vaan on myös niin, että tähän merkitykseen lastautuu muitakin kuin vain "sisällöllisiä" merkityksiä. "Merkitys" määräytyy myös -- tai jopa ennen muuta -- aivan muiden voimien kuin käsitesisällöllisen "semantiikan" pohjalta. Ja kyse tuolloin on intentioista, dynamiikasta, nimenomaan "voimista", ei "sisällöistä".

Voimme noteerata Wittgensteinin joissain yhteyksissä viitanneen kielen alkuhistoriaan, esimerkiksi todetessaan että "reagoimme kieleen". Juuri siitähän kaikki alkoi, signaalivaikutuksista. Mutta koska se mitä kielifilosofia on toistaiseksi osannut nostaa esille ei vielä riitä, on tuotava mukaan antropologinen ja sosiologinen pohdiskelu. Meidän on yritettävä eläytyä tajunnallisten alkioiden maailmoihin, joista kaikki ihmisyys ammoin lähti kehittymään. Wittgenstein, Freud, Durkheim, Mead -- hyviä oppaita riittää, mutta omin silmin on nähtävä jos mieli mitään ymmärtää.

44

19.

Niin ihmissuvun kuin ihmisyksilön varhaisimmassa kehitysvaiheessa vallitsee symbioottinen yhteisyys -- alkulaumat olivat symbioottisia yhteisöorgaaneja, vastasyntynyt on taas täysin riippuvainen imettäjästä ja ulkoapäin tulevasta huolenpidosta. Kehityksen myötä silmät aukenevat vähitellen. Lauman työnjako ja sosiaaliset roolit eriyttävät yksilöitä, ja samoin ihmislapsi, jonka tajuntaan syntyy ensin hoivaajan hahmo, "sinä", ja vasta myöhemmin kehittyy se mistä sanomme "minä", astuu jossain vaiheessa yli itsetietoisuuden kynnyksen ja aloittaa kasvun kohti aikuista autonomiaa. Varhaisen vaiheen kokemuksellinen maailma on kummassakin tapauksessa "kaikkiallinen". Lauman elämänmuoto organisoituu totemismissa, siinä että sosiaalinen muodoste, kieli, nimeää ja sulkee samuuden piirejä. Ihmislapsen muihin kädellisiin ja nisäkkäisiin nähden suhteettoman pitkä varhaisvaihe on kehityksen tulosta -- mitä monimuotoisempi on "annettu" kielimaailma, sitä pitempi lapsuus tarvitaan. (Nykyistä ymmärtämättömyyttämme kuvaa hyvin se, että kuvittelemme nopean kasvukehityksen ja varhaiskypsyydelle ominaisen "tiedollisen" käsitehallinnan edustavan erityistä synnynnäistä kyvykkyyttä.) Symbioottisesta alkutilasta selvitään vain vähitellen. Yhteisökokemuksen "kaikkiallisuuden" ja vastaavasti varhaislapsuuden kaikkivoipaisuuskokemusten elättäminen vielä tiedollisessakin tajunnallisessa kielimaailmassa vahvasti vaikuttavina voimina kertoo vain siitä, ettemme tunnista käsiterealismia. Emme tunnista sen enempää omassamme kuin vieraissakaan kulttuureissa kulttuurisia amputaatioita tai yksilökehityksen traumoja.

20.

Se että ihmissuvun aamunkoitossa sosiaalinen valta ja tiedollinen hallinta olivat yksi ja sama asia on todellakin kaiken ihmistä koskevan ymmärryksen lähtökohta. Ihmisen lajityypillinen sosiaalisuus on kova kognitiivinen tosiasia -- ja "kulttuurit" ovat kovia kognitiivisia tosiasioita. Durkheimin huomiot siitä miten primitiiviset ihmiset nimenomaan "symbioottisen" ryhmäidentiteetin pohjalta nimeävät yhdellä samalla sanalla -- käsitteellä -- niin itsensä, toisensa kuin myös elämänmuotoonsa kuuluvat kohteet, paikat ja esineet, ovat todellakin kaiken kognitiotieteen -- ei vain sosiologian, sosiaalipsykologian ja psykologian, vaan myös kielifilosofian ja tiedonfilosofian -- lähtökohta-asetuksia. Sosiaalinen ja tiedollinen valta ja hallinta ovat yhtä ja samaa punosta. Sosiaalinen symbioosi synnyttää ensimmäiset tiedolliset jäsennykset. Kaikki mikä ihmistietoa koskee on siis alusta alkaen olemuksellisesti sosiaalista. Vaikka irrottaisimme tiedolliset käsitteemme kaikesta sosiaalisesta koherenssista, kaikki merkitykset edelleen sisältäisivät elämän alkuperäistä emergenssiä.

Hannah Arendt pohdiskeli sitä miten tärkeää on että "yhteisölliset voimaviivat" kulkevat sosiaalihierarkiassa "alhaalta ylöspäin". Yhteisöllinen valta ei perustu vain raakaan alistamiseen, vaan myös luottamukseen. Ja tämä luottamus pohjautuu ja palautuu symbioosiin, jossa olennainen olemuksellinen osa on kullekin yhteisölle ominaisen "vallan" jatkumoa. Toimiva tajunta on aina sosiaalinen, yhteisöllinen tuote, ja jokaisen yhteisön kohdalla on kysymys sen omasta "tiedollisesta" käsitteenmuodostuksesta. --

Johtopäätös on selväkin selvempi: niin yhteisöllisen eheyden kuin kaiken tiedollisen ajattelun ehdot ovat perusasetuksia, jotka eivät ole "siirrettävissä" yli kulttuurirajojen. Emme voi rakentaa sosiaalisesti tervettä ja älyllisesti edistyvää maailmaa pelkästään "tiedollisten" rakenteiden varaan. Kulttuuriset hylkimisreaktiot ja konfliktit ovat terve, ehkä tämä pitäisi toistaa: terve reaktio tilanteessa jossa yhteisön sisäinen symbioottinen eheys ja luottamus kriisiytyy.

Niin lajina kuin yksilöinä ihmisen kehitys ja kasvu toteutuvat parhaiten lujan perusturvallisuuden pohjalta. Perusturvallisuus ja perusluottamus ovat kaiken ehtoja. Mitä vankempi on varhaisen kehitysvaiheen perusturvallisuus, sitä pitemmälle menevän yksilöllisen eriytymisen se myöhemmin mahdollistaa. Yhteisöjen ja yksilöiden kehitysastetta voidaan mitata nimenomaan yksilöllisen eriytymisen määrällä. Jos kulttuurin ja yhteisön symbioottinen ehto on täytetty, yksilöt saattavat vapautua sosiaalisesta sidoksesta ja "tunnustuksellisesta" ajattelusta. Eurooppalaisen uuden ajan individualismi on tällainen historiallinen ilmiö. Ja uudella ajalla tapahtunut edistys on ihmislajin historiassa aivan erityinen, ainutlaatuinen ilmiö.

Pitkälle individualismin suuntaan eriytyneet yhteiskunnat ovat joka tapauksessa paljon haavoittuvampia kuin kehittymättömät kulttuurit ja yhteisöt. Kulttuurikognitiiviset kyvyt viritetään hyvin ohuiden ajattelulankojen varaan, ja jonkin perustekijän mureneminen tuhoaa armotta nämä kyvyt. Meidän pitäisi olla hyvin huolissamme esimerkiksi vieraskulttuurien tunkeutumisesta vanhoihin eurooppalaisiin kansallisvaltioihin. Kulttuuriset hylkimisreaktiot ovat hälyttäviä merkkejä -- jos yritämme tukahduttaa ja peitellä niitä, rakennamme vain "tiedollista" maailmaa, kognitiivista kuplaa, joka tulee puhkeamaan yhteiskunnallisen luottamuksen romahtaessa.

21.

Yhteisöolennolle ominainen sosiaalisidos, eli alkulaumaa läpäisevä kollektiivinen "valta", joka olemuksellisesti ei ollut alistamisen, vaan enemmänkin "yhteisen tahdon" muotoista, voi toistua tänäkin päivänä kaikkialla missä ryhmäytymisen synnyttämä ylijännite palauttaa kollektiiviset ominaisuudet pinnalle. "Kulttuurit" ja yhteisöt palautuvat nimenomaan kriisiytyessään ja ryhmäytyessään alkuperäisten primitiivisten yhteisövoimien valtaan, ja tällöin näyttäytyy ja määrittyy myös se missä kunkin "kulttuurin" tai yhteisön todelliset rajat kulkevat.

Kun sanon, että "kulttuurit ovat kovia kognitiivisia tosiasioita", tarkoitan juuri sitä, että ihmisyyden kulttuuriset palautuspisteet ovat todellisia siinä mielessä että jokainen kulttuuri on keskuudessaan -- tietämättään mutta absoluuttisella ehdottomuudella -- varjellut sellaisia tajunnallisia vallan alkioita, jotka ottavat kriisitilanteessa vallan. Nämä alkiot, tai millä nimellä niitä nyt sitten nimitetäänkin, ovat mekanismi joka sijoittuu kaiken yksilötietoisuudessa esilletulevan, kuten kielen ja käsitetiedon, ulkopuolelle. Ne eivät esimerkiksi muutu toiseksi vaikka yksilö yhden kielen sijasta opetettaisiin puhumaan toista kieltä. Tiedollis-käsitteellinen ajattelu on jollakin tasolla "käännettävissä", mutta vallan tajunnalliset alkiot eivät ole.

Alkulaumassa, alkuasetuksissaan, eivät vain "vallan" ja "tahdon" alkiot, vaan myös sosiaalisen vallan ja tiedollisen hallinnan alkiot ovat yksi ja sama asia. Juuri tämä tilanne on ominainen "totemismille". Ja myöhemmässä kehityksessä se yhteiskunnallinen taantumailmiö, jota olemme sanoneet "totalitarismiksi", rakentuu olemuksellisesti alkukantaisimpien tajunnallisten alkioiden varaan. Tajunnalliset muutokset ovat selvät ja tyypilliset. Demokratian taantuessa teokratiaksi esimerkiksi ajantaju katoaa ja valta muuttuu "kaikkialliseksi". Kollektiivista tajuntaa läpäisee yksi "totuus" -- ja "todellisuus" ja "totuus" ovat yksi ja sama asia. Eriytynyt työnjako katoaa, ja asiat "alkavat vain tapahtua". Kaikille totalitarismeille on ominaista automotorisuus, se että yksilöt eivät koe enää valtaa eivätkä vastuuta, vaan tuntevat olevansa koneiston rattaita. Eikä kyseessä tällöin -- kuten ei alkulaumassakaan -- ole varsinaisesti alistussuhde, vaan pikemminkin yhteen-

48

sulaneen kollektiivisen tahdon sanelema depersonoitunut toimintamotiivi.

Itse asiassa mikä tahansa yksilöllinen poikkeaminen, tarkoittipa se systeemin kannalta hyvää tai pahaa, on totalitarismin oloissa sietämätön ja herättää tuhoamispakon. Yksilöt ohjautuvat kunnian- ja häpeäntuntojen määrääminä, eikä niillä ole mitään kriittistä käsitteellis-sisällöllistä ominaisuutta -- pelkkä poikkeaminen riittää provosoimaan tuhoamistarpeen.

Kunniamurhat, tai laajennetut kunniamurhat, jollaisia esimerkiksi terroriteot ovat, ovat puhtaasti joukkovoimien ilmentymiä -- ja siksi kaikki psykologisoiva tarkastelu näiden ilmiöiden kuvaamisessa ja selittämisessä on yhtä tyhjän kanssa. Tietty taantunut järjestelmä tuottaa tietyn kiintiömäärän tietyntyyppisiä ääri-ilmiöitä, eikä mikään psykologia voi tätä millään tavalla estää, ei kuvata eikä selittää.

Teokratioille ja totalitarismeille ominainen vallan "kaikkiallisuus" on avainasia. Tajunnallisten alkioiden kohdalla aika ja paikka katoavat, vain kollektiivivoimien ohjailu jää jäljelle. Kun terroristit huutavat jumalaansa ("Allah on suuri!"), valta ja yhteisö, totuus ja todellisuus lankeavat yhteen, ja huuto on kaikkialliselta vaikutukseltaan, toistan: kaikkialliselta vaikutukseltaan sama kuin yksilö- ja yhteisömielteiden yhteensulaminen huudossa: "Ein Volk, ein Reich, ein Führer!" -- Kun Douglas Murray kertoo kirjassaan Charlie Hebdo -terroristeista -- miten nämä ensin kuuluttivat kostaneensa profeetan puolesta ja sitten huusivat "Allahu akbar!" -- minkä Murray kääntää superlatiivilla "Allah on suurin!" -- pitäisi huomauttaa, että juuri tällaista hierarkista vertailuasteilla suhteuttavaa sisältöä millään "kaikkiallisen" vallan ilmentymällä ei todellisuudessa ole.

Tajunnallisten alkioiden kadotessa ajan ja paikan ominaisuudet, se tarkoittaa myös sitä, että ne mielen lokatiiviset asemoinnit, joiden varassa perspektiivit, peräkkäisyydet, hierarkiat, jne, rakennetaan, katoavat kuvasta. Ne katoavat siis nimenomaan kuvasta -- nimenomaan kuva katoaa, ja jäljelle jää kuuloaistin varaan rakentunut kognitio. Se on se kognitiivinen ominaislaatu, jossa "samanaikaisuus" -- eli nimenomaan tuo aikaulottuvuuden katoaminen -- vallitsee, Totalitarismien suuret johtajat ovat aina olleet taitavia suggeroivia retorikkoja -- he eivät ole edustaneet kirjallista sivistystä.

22.

Teokratioissa eletään "kaikkiallisen vallan" maailmassa, mutta eurooppalaiset ovat tehneet siitä joukkomittaisen kulttuurikognitiivisen irtioton. Se historiallinen murros josta nyt puhumme keskiajan ja uuden ajan taitteena, oli epäilemättä koko ihmisen historian kaikkein valtavin tajunnallinen emergenssi. Kartesiolaisen ajatteluparadigman seurauksena syntyi jatkuvasti vahvistunut individualismi, joka tuotti yksilöoikeudet ja -vapaudet sekä niiden yhteisöprojektiona kielellis-kulttuurisen kansallisvaltion ja sille -- ja vain sille -- ominaisen "edustuksellisen" demokratian. Toisaalta kartesiolaisen objektivaation seurauksena syntyivät visuaalisen mieltämisen pohjalta empirismi ja luonnontieteet, ja niiden seurauksena oli tekniikka ja teollinen hyvinvointi. Kartesiolainen paradigma on nyt parina viime vuosisatana tuonut maailmaan ja ihmisen elinehtoihin muutoksen, joka on tuhatkertainen verrattuna ihmisen koko aiemman miljoonan vuoden kehityshistorian aikana tapahtuneeseen muutokseen.

Miksi emme yleisesti ottaen ymmärrä millaisen aivan erityislaatuisen historiallisen kehityksen lapsia me eurooppalaiset olemme? -- Tähän kysymykseen on myös vastauksia. Yksi vastaus on "spenglerilainen" -- kaikki suuret kulttuurit kokevat syntynsä, nousuvaiheensa, huippuhetkensä ja täydellistymisensä, sitten seuraa sisäisten voimien ehtyminen, lopulta hajoaminen ja kuolema. Nyt elämme jo oman kulttuurimme voimien ehtymisvaihetta, mistä johtuen olemme esimerkiksi kyvyttömiä varjelemaan yhteiskuntiemme sosiaalista eheyttä -- tai estämään kehitysmaiden ihmisten joukkomittaista vaellusta Eurooppaan. -- Toinen vastaus voisi nousta ensimmäisen pohjalta. Itsetietoisuuteen ja itserefleksioon perustuvan "tiedon" sisällä vaikuttava "koherenttinen" totuudellisuuspyrkimys hajoaa "tiedon" pirstoutuessa opillisiksi ja aatteellisiksi "ismeiksi", jolloin kaikki kokonaishallinta katoaa. "Tiedon" kielellinen elementti muuttuu katteettomaksi käsiterealismiksi, ja seurauksena on kaiken ajattelun hajoaminen. Kun kaikki kieli ja ajattelu alunperin ovat sosiaalista muodostetta, on väistämätöntä, että kielen ja ajattelun hajotessa myös yhteiskunnat romahtavat. Ne tulevat romahtamaan kaikilla sektoreilla: sosiaalisesti, taloudellisesti, terveydellisesti -- ja tietysti myös tiedollis-kognitiivisesti.

23.

Ihmisen lajityypillinen sosiaalisuus on varsin vaikea asia ymmärrettäväksi, ja ymmärrysyritykset automaattisesti hakeutuvat lajin alkuhistorian primitiiviseen hämärään. Voimme kuvitella lauman yksinkertaisia ihmisiä jotka elävät kollektiivivoimien vallassa ja jonkinlaisen merkkisignaalijärjestelmän ohjelmoimina. "Valta" tällaisessa alkuyhteisössä läpäisee koko lauman, ja "ajattelu" on enemmänkin elämänmuodon -- joukko-olemassaolon -- kunkinhetkinen tilanne kuin mitään mikä syntyy yksityisen ihmisen päässä. Tarvitaan pitkä historiallinen kehitys, esimerkiksi työnjaon ja roolien eriytyminen, ennenkuin ihmismieleen syntyy mitään missä "yksilöllisen tahdon" kokemuksellinen hahmo voisi muodostua.

Jos kulttuurievoluutiota ajatellaan aikana jolloin kielimaailma -- siis "ajattelu" -- saa itsekantavia ominaisuuksia ja "totuudet" alkavat hahmottua, tuo historiallinen ajanjakso on kovin lyhyt. Se on vain muutamia tuhansia vuosia. Tämän sivistyksellisen kuorikerroksen ohuudesta huolimatta meidän on hyvin vaikea nähdä oman "totuudellisen ajattelumme" pinnan läpi sitä miten kaikki oma olemassaolomme edelleenkin on olemuksellisesti joukkoolemassaoloa, eivätkä omat "totuutemme" edusta mitään "ihmisestä riippumattomia" luonnonlakeja vaan ovat pikemminkin pumpulia johon yhä kiedomme yhteisöllisen todellisuutemme.

Kuten "valta" alunperin on kaikkiallista, samoin "totuus" on edelleen joukko-ominaisuus. Tämä merkitsee esimerkiksi sitä, että yhteisöllisessä tietoisuudessa elää edelleenkin institutionalisoituva kielimaailma, jossa "totuus" pyrkii säilyttämään vakiintuneet muotonsa. Tällainen "totuushan" on olemassa myös "kehittyneissä" yhteiskunnissa, joissa tietty "virallinen mielipide" toimii alustana, johon kaikkea kriittistä ajattelua suhteutetaan. On pikemminkin sääntö kuin poikkeus että hyvin kehittyneen yhteiskunnan "julkispinnalla" elää eräänlainen "Suuri Yhteinen Valhe", jonka kaikki valheeksi tietävät, mutta jota tunnustetaan nimenomaan siksi, että tällainen "tunnustuksellinen totuus" on yhteisöelämän välttämätön perusta. Tunnustuksellinen totuus on yhteisön ehto.

Niinpä näinä päivinä totuudenpuhujilla on yhtä vähän yösijaa kuin mitä alkuyhteisössä olisi ollut jollekulle joka olisi yrittänyt puhua vaikkapa "vapaasta tahdosta". Nyt on mahdollista että kansan enemmistö on jostain kysymyksestä vahvasti tiettyä mieltä, mutta yhteisön "virallisella julkispinnalla" eletään kuin ei olisi koskaan kuultukaan mistään vaihtoehtoisesta mielipiteestä. Kaikki voivat puhua "maahanmuutosta" ja "turvapaikoista", eikä kukaan käytä totuudellista termiä "kansainvaellus". Niinpä "vallan kaikkiallisuus" on edelleen ongelmamme. Valta tarvitsee auktorisointinsa, ja tiedollisten totuuksien maailmassa tarvitaan auktorisoituneita totuuksia jotta vallan instituutio toimisi yhteisöllisyyttä synnyttävänä ja ylläpitävänä tukirakenteena. Jos ja kun mikä tahansa yhteisö kriisiytyy, tukirakenteet reagoivat välittömästi. Se ohjelma on siis lajiin sisäänrakennettu, ja sen seurauksena totalitarismi odottaa jokaisessa yhteiskunnassa hyvin ohuen "kokemuksellisten vapauksien" pintakerroksen alla.

Tätä tarkoittaa se kun sanomme, että ihminen on lajityypillisesti ja olemuksellisesti sosiaalinen laji. Se tarkoittaa että kielimaailmamme on aina sosiaalista muodostetta, ja että kaikissa "totuuksissa" vaikuttaa ensisijaisesti totuuden kulloinkin valtaa auktorisoiva puoli. Durkheimilaisen sosiologian lähtökohdista tätä kaikkea on helppo ymmärtää -- mutta durkheimilaisen sosiologian perusasetuksia ymmärtävät vain todella harvat ihmiset. Meillä voi olla presidentti, ministerit, kansanedustajat, tutkijat ja journalistit, aktiiviset mielipidevaikuttajat, koko "demokraattinen" kansalaiskeskustelu -- mutta koko joukossa tuskin ainoatakaan, joka ymmärtäisi sosiologian perusteita. Tilanne on aika traaginen.

24.

Jokainen joka ymmärtää mitä merkitsee se että kieli on sosiaalista muodostetta ymmärtää myös, etteivät ensimmäiset "kuvailevat" käsitteet olleet varsinaisesti mitään "sanaluokkaa". Ne ovat vain samuuden piirejä sulkevia "signaaleja".

Jokaiselle pitäisi olla selvää, ettei mitään nykyistä "käsitettämme" voida soveltaa kuvattaessa alkuperäistä primitiivistä kielimaailmaa -- emme todellakaan voi miettiä alkuyhteisössä institutionalisoituvaa "valtaa" samalla tavalla kuin nyt koemme yhteisöllisen vallan ja yksilöllisen "tahdon" toistensa vastakohtina, tai alkuyhteisön "patriarkaalisuutta" tai "matriarkaalisuutta" -- primitiivisessä mielessä käydään rajankäyntiä hahmon- ja käsitteenmuodostuksen välillä, ja kaikki paino tulee vielä hahmojen suunnasta.

Ei siis sanaluokkia. Ja jos kehitystä ajatellaan, ensimmäinen "sijamuoto" oli jonkinlainen "lokatiivi". Siis kaikkiallisuutta halkova perustavanlaatuinen paikallisuuden hahmo, jonka pohjalta sitten pitkän kehityksen myötä hahmottuvat Durkheimin hyvin esittämät elämän "päävärit" -- esimerkiksi yön pimeyden ja päivänvalon ero, josta kuulo- ja näköaistin kognitiivisen työnjaon myötä jäsentyy perustavanlaatuinen "pyhän" ja "profaanin" ero.

Kaikkiallisuus saa vähitellen paikallisia sisältöjä, mutta paikan alkuhahmoista on vielä pitkä matka siihen että itsetietoisuuden projektiot alkavat muokata tajuntaa. Ne ovat tavallaan toisen kertaluokan lokatiiveja. Luonnon kiertokulut kuuluvat ensimmäisiin maailmanselityksiin. Elementtejä olivat maa, ilma, tuli ja vesi. Me emme enää pysty mieltämään millainen lokatiivi "apeiron" oli. Ja tuolta primitiiviseltä perustalta tarvitaan vielä huima hyppy siihen että "aikaa" aletaan hahmottaa. Ajantaju on lajihistoriallisesti arvioiden todella aivan viime silmänräpäyksen emergenssi. Vasta eurooppalaisen uuden ajan ihmisen järkijäsennyksisssä vaikuttaa, hmmm, sanotaanko varsinaisesti, ajan elementti.

25.

Primitiivisten ihmisten totemismi oli elämänpiiri, valtapiiri, samuuden piiri joka suljettiin nimittämällä kaikkea sen sisään kuuluvaa samalla sanalla. Totemismi toteutui siis totaalisesti sosiaalisen elämänmuodon pohjalta. Kaikki alkuperäiset kielen ja ajattelun muodosteet ovat sosiaalisia muodosteita. Se että kieli on sosiaalista muodostetta on aivan erinomaisen vaikea asia ymmärrettäväksi. Se tarkoittaa esimerkiksi sitä että kieleen implikoituu aina sekä vallan että tiedon tajunnallisia alkioita. Ettei siis ole olemassa mitään "puhdasta" tietoa. Ettei käsitteistä voida ajatella todellisuuteen päin. Ehkä tämä tiedollisten totuuksien maailma -- käsiterealismi -- jonka vallassa me uuden ajan eurooppalaiset olemme lopulta päätyneet elämään, on kaikesta asiahallinnallisesta "edistyneisyyden myytistään" (G H von Wright) huolimatta jollain lailla inhimillisesti rujoa. Emme ymmärrä miten hirvittäviä harhoja yleiskäsitteillä voidaan muodostaa. Ylihistoriallisilla, ylikulttuurisilla, ylikansallisilla yleiskäsitteillä muodostetut "ihmisarvo- ja -oikeuskäsitykset" sopivat vain yli-ihmisyyden tavoittelijoille. Ne ovat käsiterealismia hirvittävimmillään.

26.

Myyttinen todellisuus on kaikkiallista, myyteissä ei esiinny aikaa siinä mielessä että esimerkiksi syysuhteen tai sattuman käsitteet mahdollistuisivat. Myyttinen ideamaailma on kokemuksellista, ja tarinankerronnallinen toisto yrittää elvyttää eräänlaisia kokemuksellisia todellisuuden pysäytyskuvia. Vallan tajunnalliset alkiot muodostavat myyttisen todellisuuden.

Ja myyttinen todellisuus -- todellisuuden pysäytyskuva -- on kaiken totuudellisuuden ensimmäinen muoto. Kaikkiallinen valta ei totuudesta katoa koskaan minnekään. Kaikki tieto rakentuu vallan päälle. Tarinankerronnallinen toisto ja empirismin edellyttämä kokeellinen toistettavuus ovat saman totuudellisuuden resonansseja. Koherenttinen ja korrespondenttinen totuusteoria toistavat vallan kaikkiallisuuden ja tiedon eksaktin paikallistumisen.

Voi olla, että kaikkiallisen totuudellisuuden tajunnallisessa maailmassa kolmiulotteinen plastinen muoto on kuin luonnostaan hahmottuva. Sen sijaan "esittävän" idean siirtäminen kaksiulotteiselle pinnalle on mahdotonta. Kuinka kaikkiallisuus voisi projisoitua tasopinnalle? Kreikkalaiset eivät siihen pystyneet. Eikä kaikkialliseen valtaan takertuneissa kuvakieltokulttuureissa -- kuten islamin maailmassa -- siihen pystytä vieläkään. Tabulla varjellaan esittävien kuvien kieltoa, ja vain ajattomia algoritmeja toistavat ornamentit täyttävät seinät.

Tabut amputoivat tajunnalliset kyvyt ja kehityksen hirvittävällä tavalla. Miksi inhimillinen kehitys ei ole yleisinhimillistä? -- Juuri totuudellisuuden erilaiset laadut ja emergenssit sitovat länsimaisen kulttuurin suureksi historialliseksi jatkumoksi. Eurooppa jopa selvisi tuhatvuotisesta keskiajastaan. Mutta Eurooppa on ainutlaatuinen tapaus, ihmisen historia ei tunne toista eikä mitään vastaavaa.

27.

Kielimaailmaa konstituoivat kulttuuriset perusratkaisut aiheuttavat ne erot, joita esimerkiksi Spengler pyrki "kulttuurisina alkukuvina" jäljittämään ja kuvailemaan mahtavassa historiaprofetiassaan. Nämä ratkaisut tapahtuvat varsin varhaisessa kehitysvaiheessa, jossain hahmon- ja käsitteenmuodostuksen rajamailla, ja niissä on kyse perustavanlaatuisten kognitiivisten kykyjen emergensseistä, siis sellaisista kuin aistien työnjaosta, "lokatiivisten" tajunnallisten asemointien ja sosiaalisten rakenteiden, lopulta "minän" rakenteiden sekä minä-maailmasuhteen synnystä.

Koska kieli on nimenomaan sosiaalista muodostetta ja sen perustehtävä on vakiinnuttaa elämänmuotoa, niin sanottujen "suurten kulttuurien" -- eli pysyväisluontoisten, pikemminkin tuhansia kuin satoja vuosia elävien tajunnallisten vakioiden -- synty ja olemassaolo tulee ymmärrettäväksi. Kielimaailma pyrkii tiettyyn pysyvyyteen -- se on sosiaalinen instituutio -- ja jokaisena aikana vakiintuu ja vallitsee tietty ajattelun taustavakaus.

Kaikissa yhteisöllisen kehityksen vaiheissa juuri kielimaailman vakaus -- wittgensteinilaisittain "varmuus" -- on se perustekijä joka määrää muutosten mahdollisuudet ja rajat. Missään yhteisössä mikään todellinen, koko kielimaailman läpikäyvä muutos ei ole mahdollinen.

Niin paljon kuin asioiden nimiä ja näköäkin voidaan uudistaa, ne todelliset ajattelun vakiot joiden varassa käsitteellisellä pinnalla kävellään, pysyvät jokseenkin muuttumattomina. Samoin itse "muutos" on usein vain käsitteellistä, näennäistä -- mistä itse asiassa kertoo sekin, että muutosta edeltää useimmiten toisilleen näennäisesti vastakkaisten kantojen keskinäinen taistelu. Vastakohtia muodostava polarisaatio ilmaisee vain sen miten sama taustalla vaikuttava ajatusmuoto on tehnyt tilaa uusille erilaisille ilmiasuille. Teesit ja antiteesit, ismit ja vastaismit toteuttavat ja nostattavat kaavanmukaisen käsitteellisen pintakuohun, jossa munia ja kanoja on mahdoton erottaa toisistaan.

On selvää, ettei missään yhteisössä mikään todella "luova" edelläkävijäajattelu ole mahdollista kuin äärimmäisen pienessä mittakaavassa. Suurimman osan yhteisön ylläpitämästä kielimaailmasta ja "totuudesta" on toistettava vakiintuneita "totuuksia". Todelliset uudistajat eivät koskaan muodosta yhteisölleen mitään todellista vaaraa. Heitä ei edes ymmärretä. Vasta kun heidän ideansa ovat kollektiivisen tietoisuuden pinnan alla vaikuttaneet niin että vallitseva ajattelu tulee monissa kohdin ja useiden toimesta kyseenalaistetuksi ja uhatuksi, silloin yleinen lynkkausmieliala herää. Se on normaali yhteisöllinen puolustusreaktio tiedollisen pohjan murenemista ja uudistumista vastaan.

Torjuntareaktio, yleisen lynkkausmielialan nousu, on merkki kriisiytymisestä. Kaikki polarisaatio on omiaan taannuttamaan yhteisöä. Sosiopsykologinen taantuma sementoi kielimaailman ja ajattelun, ja viimeistään siihen kaikki todellinen uudistuminen päättyy. Vasta kun yhteiskunnan julkispinnan alla vallitsee tavattoman laajalle levinneenä kokonaan toisenlainen tilanne, voivat uudistusten puolesta puhuvat saada asialleen kannatusta. Siinä missä ennen vallitsi torjunta, kuoliaaksivaikeneminen ja sensuuri, ja missä mitätöitiin ja oltiin valmiita lynkkauksiin, siinä nyt nousevat uudistusten sankareiksi tyypit jotka tekevät välttämättömyydestä hyveen ja joille uudistukset jo ovat helpompi vaihtoehto kuin vanhoissa kannoissa pitäytyminen.

28.

Elämme eurooppalaisen uuden ajan "tiedollisesti" painottunutta aikaa, ja kaikki "ajattelumme" on niin vahvasti tiedollisista käsitteistä kyhättyä että ymmärrys sulkeutuu tiedollisten ontologioiden piireihin, emmekä enää ymmärrä käsitetiedon rasitteita ja rajoituksia. Emme esimerkiksi ymmärrä että puhuttu kieli ja kirjoitettu kieli ovat kognitiivisesti aivan eri asioita -- että puhutun kielen vaikutustavat ovat toisenlaiset kuin kirjoitetun kielen -- että esimerkiksi kaikelle tiedolliselle ajattelulle elintärkeät "yleiskäsitteet" omaavat kirjoitetussa kielessä aivan erityisen "itsekantavan" roolin.

Kun Wittgenstein jäljitti sitä mitä kielellä ylipäänsä on mahdollista sanoa, hänen elämäntyössään näyttäytyi tyypillinen eurooppalaisen uuden ajan kehitystarina. Nuoruudessamme olemme meille annetun käsitetiedon vankeja ja yritämme päästä käsitteelliseen selvyyteen palauttamalla meille "annetut" käsitteet jonnekin kaiken käsitetiedon "peräseinälle", jossa järjestämme lähtökohtaiset ideat niin että syntyy pysyväisluonteisia konstellaatioita, tähtikuvioita. Tällaisten käsiteaurinkojen valossa maailmamme näyttää sitten käsitteellisesti kirkastuvan. Wittgenstein asetti kysymysmerkit jo nuoruudenfilosofiassaan niin syvälle, ettei sortunut antamaan maailmalle selityksiä. Hän päätyi selittämättömän äärelle -- ymmärsi mihin (kirjoitetun) kielen ja käsitetiedon rajat asettuvat.

Näin "kehitystarina" omana aikanamme tyypillisesti etenee: aksiomaattisina otetuista kielen käsitteistä yritetään ensin päätellä -- kirkastaa ja siilata -- "totuus" esiin, ja vasta paljon myöhemmin, jos silloinkaan, aletaan ymmärtää kielen käyttötilanteiden tosiasiallinen moninaisuus. Wittgensteinkaan ei koskaan onnistunut luomaan lopullista, aistien kognitiiviseen työnjakoon pohjautuvaa rajalinjaa "matemaattisesti mallinnettavan" käsitetiedon ja "retorisesti vaikuttavan" kokemustiedon väliin. Käsitetieto, joka aikamme ihmisessä niin vahvana vaikuttaa, omaa vahvan "itsekantavan" ominaisuuden -- aivan kuten matematiikka, joka perustuu pelkästään yhtälöihin, siihen että alkioiden varassa rakentuu aina suurempia kokonaisuuksia.

Kun kaikki synnymme tiedollisten jatkumoiden maailmaan, käytämme koko elämämme siihen että yritämme palauttaa totuuslauselmia alkutekijöihinsä -- ymmärtämättä etteivät alkutekijät ole laadultaan "tiedollisia" eivätkä edes yleensä "käsitteellisiä", vaan lopulta puhtaan "vallan" alkioita.

29.

Descartesin suuri lause "Ajattelen, siis olen olemassa" kiteyttää hyvin aikalaisajattelussa tapahtuneen itsetietoisuuden, "minän" heräämisen. Koska kielimaailma orientoitui teologisen käsitteistön pohjalta, Descartes sijoitti kysymyksensä "sielun" ja "ruumiin" eroihin. Koska me oman aikamme ihmiset taas ajattelemme kaikkea omien yliviljeltyjen käsitteellisten "ismiemme" varassa, mekin poimimme Descartesilta vain opilliset käsitekoneistot pyrkimättä ymmärtämään syvemmin mistä uuden ajan alun ajatusmurroksessa oli kysymys.

Ennen visuaalisen objektivaation valtaannousua ja uusien erityistieteiden syntyä kaikki ajattelu oli "teologista", ja itse asiassa uskonto ja uusi tieto toimivat ensin toisiaan provosoivina ja inspiroivina tekijöinä. Niin sanottujen suurten systeeminrakentajien -- jollainen Descartes juuri oli -- ajattelussa uskonto ja tieto elivät vielä mitä sopuisimmin keskenään, vaikka dynaaminen erivirtteisyys oli jo hahmottumassa.

Nyt me elämme "uskonnon" ja "tieteellisen tiedon" raivokkaan vastakkainasettelun aikaa ymmärtämättä esimerkiksi sitä, että kaikessa "tieteellisessäkin" selittämisessä vaikuttaa vahvasti sisäänrakennettuna teologisen selittämisen perinne. (Esimerkiksi uskossa tiedolliseen "kaikkiallisuuteen" -- siihen että selitys on sitä pätevämpi mitä laajemman ilmiöjoukon se kattaa.)

Niin sanottu "ptolemaiolainen maailmankuva" ei ollut oikeasti ollenkaan "tiedollinen", vaan nimenomaan teologisen "vallan kaikkiallisuuden" manifestaatio. "Pyhän" ja "profaanin" ikuisessa välienselvittelyssä kaikki mikä uhkasi staattista maailmankuvaa uhkasi aivan kaiken "vallan" legitimaatiota, ja juuri siksi torjuntareaktio uuden tiedon esiintuojia kohtaan oli niin raju. Nyt me tulkitsemme nuo tapahtumat "oikean" tiedon riemuvoitoksi "väärästä" tiedosta, mutta juuri mitään sellaista ei aikalaistodellisuudessa tapahtunut. Aikalaistodellisuudessa ikiaikaiset yön ja päivän voimat kävivät jälleen yhden taistelun uusien paradigmojen asettamiseksi ajattelun alustaan.

Descartes tarjoaa myös malliesimerkin siitä, miten uusi tietoisuus etsi objektivaation kohteeksi ensin niin sisäiset mielenviriämät kuin ulkoisen maailman ilmiöt. Uuden "minän" silmissä nämä näyttäytyivät yhtäläisinä tutkimuskohteina. Erityistieteiden syntymekanismi oli projektio -- uuden itsetietoisuuden siirtymä ulkoisen todellisuuden kuvaajaksi ja selittäjäksi. Mitäpä esimerkiksi muuta fysiikan "voiman" käsite on kuin ruumiintunnon ulkoistuma? -- Tai koko uutta tietoisuutta orientoiva "välineellinen järki" -- mukaanlukien syysuhteen dynamiikka? Elämme nyt kokonaan tällaisten projektion määräämien käsitteiden vallassa, ja niin sanottu "päämäärärationaalinen" ajattelumme ja selityksemme ovat pohjimmiltaan identifikaation mekanismeja.

Ei ehkä ole mitään merkillistä siinä, että kun individualismi on kasvanut sokeuden asteelle, myös kaikki "tietomme" on kehittynyt puhtaasti opillis-käsitteellisiksi "ismeiksi". Nämä "ismit" ovat pelkkää käsiterealismia, eivätkä enää lisää todellisuudenhallintaamme. Sen sijaan ne palauttavat tai taannuttavat meidät takaisin aikoihin jolloin tunnustuksellinen ajattelu ja identifioituminen johonkin "kaikkiallista" valtaa edustavaan "pyhään" totuuteen jälleen legitimoi inkvisiittorien valtuudet.

30.

Varsin joviaali ajattelija Hume pohti paljon Descartesin tapaan mielenliikkeitä, ja hänen ajattelussaan yhtäältä Subjektin eriytyminen ja itsetarkkailu ja toisaalta ulkoisen todellisuuden Objektivointi saivat jo opillisesti paljon paremman muotoilun kuin Descartesin mietteissä. Erityisesti syysuhteen käsitteessä emergoituu silta sisäisten mielenliikkeiden (tai ruumiintuntojen) ja fysikaalisten ilmiöiden kuvaamisen ja selittämisen välille. "Humen giljotiiniksi" myöhemmin nimetty oppi siitä, ettei tosiasioista voi johtaa moraalisia arvostelmia, on vain syysuhdepohdiskelun mutatis mutandis -versio.

Kartesiolaisen paradigman mukainen eriytyminen loi sitten myöhemmin uudet erityistieteet, jotka ottivat varsin rajusti etäisyyttä vanhan- ja keskiajan triviumiin ja qvadriviumiin. Vanha ajattelu oli antiikin ajoista lähtien perustunut paljolti kuuloaistin kognition varaan, puhuttuun kieleen. Retoriikka ja grammatiikka, eli totuudellisen vaikutelman tekeminen yhtäältä puheen äänellisten ominaisuuksien, toisaalta lause-elementtien oikean käytön pohjalta -- tässähän runous säemittaan implikoituvine algoritmeineen ja alustava yleiskäsitteellisiä yhteyksiä kytkevä predikaattilogiikka löivät vielä kättä keskenään -- ja musiikki harmonisine ominaisuuksineen elivät vahvasti sementoituneina "tieteiden" keskiössä hyvin pitkään. Vasta renessanssissa syntynyt (tai uudelleen herännyt) visuaalinen mieltäminen loi edellytykset sille itserefleksiolle, jonka mekanismit vaikuttavat kartesiolaisen paradigman ytimessä.

Se on asia, jonka koko merkitystä meidän on edelleenkin hyvin vaikea ymmärtää. Että kaikki nykyinen "tiedollinen" viisautemme ja todellisuudenhallintamme perustuu visuaalisen kognition pohjalle -- ja että tämä visuaalinen kognitio on ihan tiettyyn aikaan ihan tietyssä kulttuuripiirissä emergoitunut historiallinen ilmiö. Ja että tämä visuaalinen emergenssi syntyi "minän" syntyessä, individualismin ja itserefleksion, sisäisen ja ulkoisen, Tarkkailevan Subjektin ja Objektivoituvan Todellisuuden vuorovaikutuksessa. -- Tapa jolla ihmislajin kulttuurievoluutiossa ja -historiassa kognitiivisia pelikortteja on jaeltu, on ollut aika armoton. Maailmassa ja ihmisen elinehdoissa muutaman viime vuosisadan

aikana tapahtunut muutos on mittakaavaltaan ollut miljoonaker-
tainen koko lajin aiempaan kehityshistoriaan verrattuna, ja tuo
muutos on perustunut yksinomaan eurooppalaisen uuden ajan
ajattelulle. Nyt olemme kuitenkin menettämässä ymmärryksen
oman ajattelumme historiallisten ehtojen suhteen.

Esimerkiksi kirjoitettu kieli, joka omaa kokonaan toisenlaiset
kognitiiviset ominaisuudet kuin läpi ihmisen historian käytetty
puhuttu, retorinen kieli, ja jonka erityiseen kykyyn muodostaa
yleiskäsitteellisiä hahmoja ja "yleiskatsauksia" (Wittgenstein)
kaikki asiahallintamme lopulta palautuu, on nyt hajoamassa ta-
junnastamme. Kymmenet indikaattorit osoittavat tätä: ajattelun
fragmentoituminen, tiedon pirstaloituminen, korrespondenssin
ylivalta koherenssiin nähden, ismi-identiteetit, kirjallisuuden
myyntilukujen romahdus, lasten lukutaidon katoaminen, nopei-
den suoritusten palkitseminen, arvorelativismin ja monikulttuuris-
min mukana tuleva silmien ummistaminen ja sokeus kehityksen
tosiasialle ja kasvuvaatimuksille, jne.

31.

Baconin nimiin pantu lause "Tieto on valtaa" tarkoittaa hänen
yhteydessään lähinnä sitä että oikeilla metodeilla hankittu tieto,
joka mahdollistaa todellisuudenhallinnan, on myös yhteiskunnal-
lisesti arvostettua ja nostaa tietäjän yhteisössään valta-asemaan.
Toisenlainen tulkinta lauseelle saataisiin jos sijoitettaisiin se
durkheimilaisiin puitteisiin ja lähdettäisiin liikkeelle siitä, että ih-
misen lajityypillisestä sosiaalisuudesta suoraan johtuu sosiaalisen
vallan ja tiedollisen vallan samuus.

Alkulaumassa "minuuden" eriytymättömyys ilmenee mm. tote-
mismissa, jossa kaikkia yhteisöön kuuluvia ja myös elämänmuo-
toon kuuluvia materiaalisia objekteja nimitetään samalla nimellä.
Kielen "käsitteellä" -- vai millä nykyisellä tavalla "nimeä" tulisi
kutsua -- suljetaan samuuden piirejä. "Minän" eriytyminen kehit-
tyvän kognition, työnjaon ja sosiaalisten roolien kautta on se
prosessi joka emergoi "tiedollisen" kehityksen, ja "tiedon
maailmassa" valta auktorisoituu yhä hienojakoisemmilla tavoilla
ja yhä erilaisemmissa kielen käyttötilanteissa.

61

32.

Matti Wuoren yhdessä muistelmateoksessaan -- siinä missä hän hehkuttaa tärkeää rooliaan Greenpeace-järjestön kansainvälisessä johdossa -- kertoma anekdootti keskustelutuokiostaan Noam Chomskyn kanssa antaa oivan kuvan siitä millaista ylihistoriallisilla -- ajattomilla tai yliaikaisilla -- käsitteillä ajatteleminen on.

Heidän juttunsa olivat kääntyneet Hegeliin, ja Chomsky oli muistellut miten hän kerran oli potilaana jonkin ilmeisen lievän sairauden vaivatessa saanut ikään kuin vapaa-aikaa ja päättänyt käyttää sen tutustuakseen Hegeliin. Hän oli hankkinut "Hegelin teokset alkukielellä" ja kahlaillut niitä läpi. "Mitä uskomatonta roskaa", hänen kommenttinsa kuului. -- Mutta mitä tuossa siis ihan oikeasti tapahtui? Ei suinkaan sitä mitä nämä herrat, veljekset kuin ilvekset, keskenään Hegelille hekotellen kuvittelivat käsittäneensä ja älynneensä.

Tietenkin Hegel on "uskomatonta roskaa", jos Hegeliä lähestytään sellaisten järjen kamarin peräseinälle naulattujen käsitteiden varassa, jollaiset omaa aikalaisajatteluamme konstituoivat. Hegel jos kuka voidaan oitis pannan viralta jos hänen sanansa otetaan tulkittaviksi oman aikamme käsitteellisten totuudellisuuskriteereiden mukaan. Jokainen joka ottaa käsitteensä "annettuina" niiden historiallista ominaislaatua tajuamatta sortuu aina ajatushistoriaa käsitellessään tyhjän päälle -- ja totisesti kuvittelee selättäneensä historiallisen älyn ongelmat kokiessaan menneiden aikojen käsitesisällöt "uskomattomana roskana".

Hegelin koko vaikutus ajatushistoriassa perustui kykyyn purkaa käsitteiden laatuominaisuuksia, esimerkiksi substantsoimalla adjektiiveja. Se oli silloin sopiva keino hajottaa ajassa vallitsevia käsitekiinteyksiä. Wuoren ja Chomskyn älyssään varjelemat käsitekiinteydet olivat siinä määrin sementoituja, ettei edes Hegel niihin tehonnut.

Vallan alkiot lymyilevät nimenomaan käsitteiden laatuominaisuuksissa. Vallan toinen nimi on Totuus. Totuudenrakkaus muuttuu narsisteilla itserakkaudeksi, ja valta hivelee narsistia.

Metafora "historian junasta" tarvitsee loputonta tarkentamista. Se on ensinnäkin paikallisjuna, oikeastaan henkilöjuna, pysähtelee jokaisella asemalla, ottaa kyytiin kaikki tärkeät henkilöt.

Pysähtyy aina kun kieli pysähtyy, aina kun jokin käsite yleisessä käytössä rukataan tarkoittamaan uutta sisältöä. Siellä ei ole enää ketään joka astui kyytiin Hegelin asemalta. Mutta tavallaan kaikki siellä ovat vain Hegelin vaikutuksesta ja ehdoilla. Vaunujen ikkunat tosin aukeavat vain sivullepäin, eikä kulkusuunnassa nähdä enää menneisyyteen, eikä tulevaankaan.

Chomskyn tuomio Hegelistä ("uskomatonta roskaa"), on tosiasiassa tietysti vain hänen arvionsa omasta ymmärryksestään. Ymmärtämättömyyden määrää kruunaa se että hän korostaa lukeneensa Hegelin teokset "alkukielellä". Siis ikään kuin asemalta ostettu sanakirja voisi ratkaista alkioiden kääntymisen ongelmat.

33.

Vaikka tarinat on voitu aina kertoa preesensissä, historiallinen, toistan: historiallinen preesens edellyttää aikajatkumon historiallisen kerroksellisuuden hahmottomista. Syvyysperspektiivi ja ajantaju emergoituvat uudella ajalla toisiinsa tukeutuen, koska ne molemmat ovat eriytyvän individualistisen minuuden refleksoivia ulottuvuuksia.

34.

Mielikuva mielen kamarista, jonka peräseinälle on naulattu ne kaikki avainkäsitteet joihin ajattelun langat palautuvat, on todella oikeaan osuva metafora. Sellaisen kamarin valossa me kaikki ajattelemme ja toimimme.

Mutta mielikuvaan kuuluu myös se tosiasia, etteivät selityksen päätepisteet -- eli nuo peräseinälle naulatut yleiskäsitteet -- ole lopullinen totuus. Ne ovat nimenomaan "tiedollisia" tajunnallisia alkioita -- tai peruselementtejä -- ja todellisuudessa peräseinän takana on toinen huone -- jokin enemmänkin kellarin omainen "alitajunta" -- jossa kaikkein alkuperäisimmät "lokatiiviset" ajatushahmot hahmottuvat ja saavat energiansa. Peräseinä on erottava tekijä tietoisen mielen -- "tiedollisen käsitteenmuodostuksen" -- ja alitajunnan -- eli "hahmonmuodostuksen" -- välillä.

63

Jos peräseinän takaiseen kellariin sytytettäisiin valo, vasta silloin "tiedolliset" käsitteet näyttäisivät oikean laatunsa. Niillä on aina nurja puoli, joka voidaan nähdä vain alitajunnan suunnasta. Ja jos kellaria valaistaisiin todella voimakkaasti, myös kaikki se valo, joka mielen kamarin "tietona" esiintyy ja vaikuttaa, kokisi uuden läpivalaisun. Ja vasta silloin "nähtäisiin maailma oikein" (Wittgenstein).

Silloin mielen puoliläpäisevä peräseinä näyttäytyisi vedenjakajana "käsitteiden" ja "hahmojen" välillä -- siis "tiedon" ja "energian" (tai "vallan") välillä. Silloin "tiedon" ja "vallan" tajunnalliset alkiot sijoittuisivat kumpikin väliseinän omille puolilleen.

Sillä "tiedolliset" tajunnalliset alkiot ovat jotain laadullisesti toisenlaista ja kehityksellisesti "edistyneempää" kuin alkuperäistä hahmonmuodostusta edustavat "tahdon" tajunnalliset alkiot. Mielen "tiedollisessa" kamarissa eletään "metaforan" maailmassa, mutta alitajunnassa vallitsee vain muotoaan hakeva "tahdon" tai "vallan" voima. Näin "metafora" määrittyy käsitteellisen tiedon vaihtoehtoisina ilmiasuina, ikään kuin saman ajatusmuodon erilaisina "mahdollisina maailmoina".

Yksi mielenkiintoinen kysymys on, missä määrin "positivistinen" tiedonihanne ja "korrespondenttinen" totuudellisuus ohjaa tätä pohjimmaiselta laadultaan "metaforista" käsitteenmuodostusta. Peräseinä toimii vedenjakajana myös "korrespondenttisen" ja "koherenttisen" totuudellisuuden maailmojen välillä.

"Valta" on alunperin "sosiaalista" -- ja se on siis sosiaalisen lajin, ihmisen, olemuksellinen peruslaatu. Kaikki "tiedollinen" tai todellisuudenhallintaa tavoitteleva "valta" on saman laadun olemuksellista muuntelua. Mitä primitiivisemmälle kehitysaskelmalle laskeudutaan, sitä enemmän nämä lankeavat yksiin. Tässä Durkheimin kuvailemat totemistiset alkuyhteisöt auttavat meitä lisäämään ymmärrystämme esimerkiksi sen suhteen miten "nimeäminen" kaikkisulkevan samuuden oloissa tapahtuu.

35.

Metaforan maailmassa on mahdollista että pohjimmiltaan ole-
muksellisesti sama "vallan" hahmo saa aina uusia ajanmukaisia
ilmiasuja. Esimerkiksi talousajattelussa "rahaa" koskeva mieliku-
vamaailma on muuttunut konkreettisista kolikoista rajattomia ar-
vonlaajennuksia salliviin "numeerisiin noteerauksiin" -- ja vaik-
ka kaikki tuo on tapahtunut abstraktioastetta kasvattamalla ja
näin näennäistä "hallintaa" lisäämällä, seuraukset ovat ja tulevat
olemaan katastrofaaliset.

Kolikot olivat metafora joka vielä sitoi raha-ajattelua konkreetti-
seen käsinkosketeltavaan maailmaan. Numeeriset noteeraukset
ovat sellainen "mahdollinen maailma" jossa konkretian ei tarvit-
se olla välittömästi läsnä. -- Heideggerin inspiroimana olisi
mahdollista revitellä olemiskäsitteistöjen varassa. On eri tapoja
olla -- olla läsnä -- olla tiettyyn todellisuuteen suljettuna,
"paikalla", (kuten "dasein" on Heideggeria koskevassa kirjassa
suomennettu -- "paikallaolo", tai toisaalta "paikassaolo") -- tai
muodostaa käsitteitä laajentamalla "vaihtoehtotodellisuus", olla
"mahdollinen maailma", joka varmaan sopii hyvin talousajattelua
masinoiville "voimille", mutta jolla ei ole tarjottavana mitään
asiahallinnassa tarvittavaa korrespondenttista totuudellisuutta.

36.

Siinä missä Meadin minä-analyysi ottaa lähtökohdakseen jakau-
tumisen subjektiminään ja objektiminään, siinä Heideggerin
koko olemisfilosofia ottaa lähtökohdakseen jaon olla-verbin kah-
teen erilaiseen merkitykseen -- yhtäältä olemassaoloon ("ainakin
kaikki konkreettinen on varmasti olemassa"), ja toisaalta verbin
predikatiiviseen käyttöön ("tämä-on-tätä" -määrittelyihin).

65

Heideggeriin tutustuessa alkaa aina vaivata vaikutelma siitä ettei hän pystynyt itseään tyydyttävällä tavalla ilmaisemaan ideoitaan käsitteillä. Hän kehitti oman aika hirvittävän oppikäsitteistönsä, mutta auttoiko se? -- Eikö juuri yritys muotoilla oivallukset opillisesti päinvastoin etäännyttänyt häntä itseään yhä kauemmas oivalluksille ominaisesta kirkkaudesta?

Kirjoitin joskus jo "Narkissos-esseissä", että kaikki logiikka on pohjimmiltaan olla-verbin logiikkaa. Olla-verbi on "yleiskäsitteistämme" -- sillä sehän on yleiskäsite -- kauhein, koska se sisällyttää itseensä kaikki muut verbit. Jos "Jumala" on kaikkien subjektien subjekti, samoin "oleminen" on kaiken objektivaation objektivaatio. Kun lauseeseen "Jumala on" ladataan aivan kaikki -- siis kaikki mitä ei voida tietää ja kaikki mitä voidaan tietää -- se on tavallaan laajinta mitä kielellä voidaan ilmaista.

37.

Paralleelina symbioottisen sosiaaliyhteyden kehitykselle kohti yksilöllistä eriytymistä emergoituu kaikkiallisen "vallan" alkioiden rinnalle objektivoituvan "tiedon" alkioita. Se on ihmislajin suuri kulttuurievolutiivinen kehitysprosessi. Ja siinä on oleellista se että yhteisövoimat, yhteisöominaisuudet ja yhteisöilmiöt toteutuvat "itsekantavina" ihan riippumatta siitä millaisia ovat kunkin ajan ja yhteisön yksilöiden ominaisuudet tai pyrkimykset. Samoin on tajunnallisten tekijöiden laita: "kaikkiallinen" valta on läsnä kaikessa "tiedollisessa" hallinnassa, mutta "valta" ja "tieto" eivät palaudu toisiinsa.

Kaikkeen "tietoon" kutoutuva "itsekantava" ominaisuus -- joka huomataan helpoiten esimerkiksi tavassa jolla matematiikan "valtalait" jatkuvat yhdestä kohdasta aivan kaikkialle, tai tavassa jolla yleiskäsitteet laajetessaan ja ekstrapoloituessaan noituvat ymmärryksemme -- toteutuu aina ja joka tapauksessa. Kuvittelemme että tämä väistämätön "yleispätevyys" jotenkin sisältyy kulloinkin kyseessä olevaan "tositietoon", mutta tämä kuvitelma on samanlainen kuin antiikin kreikkalaisten käsitys syysuhteista olioon kuuluvina ominaisuuksina. Aivan vastaavalla tavalla me nyt koemme että "logiikka" sijoittuu tiettyihin asiasisältöihin niiden ominaisuutena -- vaikka tosiasiassa me vain liimaamme "logiikan" sisältöjen päälle. "Logiikalla" ladataan valittuihin asiasisältöihin kaikkiallista "valtaa". Se mikä vaikuttaa ja vakuuttaa on "valta", eivät tiedolliset sisällöt.

Oman aikamme uusi suuri maailmanuskonto, taloususkonto, toteuttaa kaikkiallisen "vallan" vaatimukset omaan vahvimpaan fundamenttiinsa, "rahaan", sisällytettynä pohjimmiltaan puhtaasti uskonnollislaatuisena kaikkivoipaisuuskuvitelmana. Eurooppalaisen keskiajan ihmiset, jotka tuhat vuotta elivät kognitiivisesti amputoidussa, minäpersoonan ja psyykendynamiikan hukanneessa, kaikkiallisen vallan ajattomassa, tilantajun ja syvyysperspektiivin kadottaneessa tajunnantilassa, olivat kokeneet että maailma heidän ympärillään muodostui "Jumalan tahdosta". Aivan samalla tavalla me taloususkonnon vallassa elävät ihmiset koemme, että maailma ympärillämme muodostuu "taloudellisista realiteeteista". --

Emme pysty ymmärtämään, että numeeristen "talousfaktojen" faktaominaisuus on vain numeroiden, ei niillä mitattavien sisältöjen ominaisuus. Palvomme talouden numeroita ja yritämme saada ne kasvamaan -- ja mitä vahvemmaksi raha-ajattelun itsekantava ominaisuus autonomisoituu, sitä "tunnustuksellisemmaksi" taloususkontomme muuttuu, ja sitä vähemmän pystymme millään numeerisilla noteerauksilla reaalimaailman syyseuraussuhteita tiedollisesti kuvaamaan ja selittämään.

Numerot ovat todellakin kaikista "yleiskäsitteistä" hirvittävimpiä. Niiden kyky noitua ymmärryksemme on ylivertainen. Numeerisia noteerauksia ekstrapoloimalla -- "taloudessa" kaikella on oltava hintansa, koska se, joka maksaa hinnan on oikeutettu ottamaan ja omistamaan sen mistä on hinnan maksanut -- olemme luoneet taloususkonnon maailman, jossa "rahan" kaikkiallinen valta sanelee kaiken mitä tapahtuu. Kuten keskiajalla "Jumalan tahto" selitti kaiken, samoin oman aikamme ihminen kokee, ettei "taloudellisten realiteettien" kaikkivallalle kukaan mahda mitään.

38.

Tajunnallisten alkioiden, monadien, matka muinaisuudesta parin viime vuosisadan tiedolliseen täydellistymään, empirismin ja luonnontieteiden, tekniikan ja teollisen hyvinvoinnin maailmaan, on ollut aika huikea tarina. Isossa kuvassa "huima sattuma", jos niin halutaan sanoa (Wim Kayzer).

Ajattelun alkeismuodoissa vallinnut "kaikkiallisuus" on edelleen vaikuttava kognitiivinen realiteetti, niin paljon kuin kuvaa rajaammekin ja keskitämme fokuksen vain eurooppalaisella uudella ajalla emergoituneiden ajatusmuotojen mahdollistamaan asiahallintaan. Valta-ajattelu hallitsee pohjimmiltaan meitäkin. Ei suinkaan ole sattumaa, että valta-ajattelun maagisimman muodot, kuten uudeksi suureksi maailmanuskonnoksi noussut "talousajattelu" ja "rahaan" kuuluva pohjimmiltaan uskonnollislaatuinen kaikkivoipaisuuskuvitelma omaavat paljon suuremman tosiasiallisen "vallan" kuin mikään mitä luonnon- tai ihmistieteilijät yrittävät tiedollisina välttämättömyyksinä todistella.

Raha-ajattelussa vaikuttavat "vallan" tajunnalliset alkiot -- kuten numeroille ominainen ajattomuus ja paikattomuus -- ovat puhdasta valta-ajattelua, jonka olemme pukeneet näöltään tiedollisten alkioiden kulisseihin. Numeerisissa noteerauksissa kannattelemme kuvitelmaa "taloudellisten realiteettien" itsekantavasta tasosta, mikä siis on aivan erinomaisen vahva "kaikkiallisen vallan" tajunnallinen elementti. --

Tässä mielessä V S Naipaul oli oikeilla jäljillä rinnastaessaan taannoin toisiinsa yhtäältä länsimaissa viriävän "kulutuskriittisen" ajattelun ja toisaalta "islamin maailmaa" sisältäpäin uhkaavan fundamentalismin kriisiytymisen. Länsimaailmassahan asettuvat vastakkain taloususkonnon versio iankaikkisuudesta -- siis usko aineellisen tarpeentyydytyksen loputtomaan lisääntymiseen -- ja maapallon resursseiltaan rajallinen reaalinen kantokyky.

Toisaalta "islamin maailmassa" on yhä yleisemmin pakko tajuta ja tunnustaa ettei vallitsevan uskonnon "kaikkiallinen valta" ulotu tiedolliseen maailmaan, eikä ratkaisuksi riitä tiedollisen maailman halveksiminen tai tuhoaminen. --

Jos me eurooppalaiset olemme omasta historiallisesta tilanteestamme vähänkään huolissamme, kuten nyt massiivisten kansainvaellusten uhatessa meidän pitäisi olla, meidän pitäisi filosofiassakin kirkastaa nimenomaan "kaikkiallisen" valta-ajattelun tajunnallisten alkioiden ominaisuudet ja rooli. Vallan "kaikkiallisuus" on koko ihmissuvun suuri kehityshistoriallinen tragedia, johon oma aikamme on vasta silmänräpäyksen verran saanut tiedollista valoa.

39.

Esimerkiksi "Maailma kylässä" -festivaalilla Helsingissä "monikultturismi" muka näyttää niin sanottuja "hyviä" puoliaan, jotka paremmin tietäen jäävät elämänmuotorihkaman asteelle -- narsisteja elämyksellisesti puhuttelevaksi riemunkirjavaksi valikoimaksi kaikenlaisia pintaefektejä. Yksikään lehti ei koskaan noteeraa sitä, etteivät teokratia ja demokratia voi käydä dialogia keskenään, etteivät normimoraali ja omantunnonetiikka voi muuta kuin tuhota toisensa, tai että kulttuurien kovat kognitiiviset ominaisuudet -- jollaisia sosiaalisen ja tiedollisen vallan ja hallinnan alkiot juurikin ovat -- voi millään mekanismilla tai organismilla "rikastuttaa" toisiaan. Keskustelu meillä on todellakin kammottavalla tasolla -- epäilen ettei esimerkiksi Helsingin yliopistosta enää löytyisi tarvittavaa kahtakymmentä vanhurskasta, vaan Sodoman ja Gomorran kohtalo odottaisi.

Miksi meidän on mahdotonta käyttää järkeämme ja olla sortumatta käsittämättömään, typerään "poliittiseen korrektiuteen"? -- Eihän esimerkiksi tällaisilla "kulttuurijuhlilla" ole mitään todellista annettavaa. Miksi suitsutamme kehittymättömien kulttuurien kehittymättömyyttä ikään kuin sillä olisi jokin itseisarvo? Miksi suhtaudumme teokraattiseen islamiin ikään kuin se olisi uskonto uskontojen joukossa? Miksi akateemikkomme rakentelevat palapelejään inhimillisen rujouden nostamiseksi samaan analyyttiseen kategoriaan heidän älyllisten leikkiensä kanssa? --

Käsittämätöntä, käsittämätöntä, käsittämätöntä. -- Jostain syystä mieleeni muistuu pitkä brittiläinen tv-sarja "Testamentti" ("The Brothers" 1972-76), jonka tarina kertoi pörssiyritykseksi kasvaneesta perheyrityksestä. Firmaan ekspansiivisessa vaiheessa palkattu ekonomistijohtaja osoittautui juurikin niin "psykopaattiseksi" mutta tehokkaaksi "saneeraajaksi" kuin kaikkein kliseisimmät mielikuvat tällaisista yrityshaukoista ovat. -- Mutta sarjan loppuosa on hieman yllättävä, kun pyöveli lopussa vihdoin tuodaan todelliseen lähikuvaan. Näemme taustalla firman henkilökuntaa juhlahumussa -- on selvitty kaikista kriiseistä, on tehty hyvä tulos ja vakiinnutettu tuottava toiminta -- mutta kovaotteinen taloushaukka ei osallistu juhliin, vaan vetäytyy konttorin yksinäisyyteen ja tuntee ainoastaan jonkinlaista surumielisyyttä. Firmat pannaan kuntoon, ja henkilökunta saa juhlansa. Näytelmän sankari on se joka on vetänyt roiston roolin -- mutta hänelle tämä kaikki näyttäytyy aivan eri tavalla. Hänellä on takanaan monta stressin aiheuttamaa vatsahaavaa, monta irtisanottua, monta luottamuksen pettänyttä, kariutunutta ihmissuhdetta, myös rakkaussuhdetta. Hän toimii tiedon, ei enää tunteiden varassa. Hän tietää menettäneensä tietynlaisen ihmisyytensä -- lapsenomaisen aidon, mutta avuttoman empatian, tunnetäyteisen elämyksen ja kokemuksen tietyn tason -- mutta itse asiassa tämä tieto edustaa jotain hyvinkin syvästi inhimillistä. --

Jos puhuisimme "taloudesta" siinä kategoriassa johon se tosiasiallisesti kuuluu, siis "taloususkontona", eikö juuri tuossa tv-sarjassa esitetty persoonallisuustyyppi olisi se jota tarvittaisiin myös niiden magian muotojen -- taikauskojen -- "maailmanuskontojen" -- kuntoon panemiseksi jotka nyt sijoitamme puhtaasti "uskontojen" kategoriaan? -- Tarvitsisimme hyvin määrätietoisia selväjärkisiä älyllisiä korjausliikkeitä, joilla näkisimme elämänmuotojemme sumun läpi ja pystyisimme asettamaan kulttuuristajunnalliset kategoriat siten, etteivät kehittymättömien kulttuurien tuhovaikutukset romauttaisi oman järjestelmämme ytimen tervettä toimintaa.

40.

Eurooppalaisella uudella ajalla kaikkea ajattelua kahtiajakavat dualismit voidaan palauttaa yhtäältä kaiken maapallolla kehittyneen elämän ja siis myös ihmisen rakenteellisiin tekijöihin -- ihminen on fysiologisesti varsin pitkälle kehittynyt homeostaattisten tasapainotilojen järjestelmä, mutta jäsentää tuntemuksensa vastakohtapareina ja jopa "tiedolliset" ajatuksensa käsitteellisten vastakohtien akseleilla -- ja toisaalta siihen kulttuurievolutiiviseen kovaan kognitiiviseen tosiasiaan, jota uuden ajan "kartesiolainen ajatteluparadigma" -- individualismi vastavaikutuksena tuhatvuotisen keskiajan kollektiivivoimille, uskonnolliselle magialle, taantuneelle depersonalisaatiolle ja skolastiselle käsiterealismille -- historiallisena ilmiönä tarkoittaa. Eurooppalainen uusi aika on todellakin jotain josta sopii käyttää nimitystä "suuri kulttuuri".

Mutta suurten kulttuurien elämäkaaret taitavat toteuttaa Spenglerin kuvauksen ja profetian: ne syntyvät "kuin huuto ihmisen rinnasta", itävät, syntyvät ja kasvavat vahvojen paradigmaattisten "alkukuviensa" varassa, kukoistavat, täydellistävät itsensä, ylikasvavat ja tukehtuvat rönsyihinsä. Lopulta ne kadottavat elämänvoimansa, kuihtuvat ja kuolevat pois. Spenglerin mukaan olemme oman suuren kulttuurimme huippukohdan jo ylittäneet, ja kaari on kääntynyt laskuun. Elämme nyt uuden ajan väkivaltaiseksi äityvää loppunäytöstä, ja "viimeinen taisto" tullaan käymään "rahan ja veren" välillä -- ja tällä vastakohtaparilla olen tulkinnut Spenglerin tarkoittavan juurikin autonomisiksi Subjekteiksi muuttuneiden maagisten numeroiden tuhovaikutusta taas depersonoituvien ihmisten taantuvassa tajunnassa.

Spenglerilaisittain tajunnassamme nyt koko ajan kasvava yleiskäsitteellinen magia murentaa todellisuudentajumme. Siinä missä jo niin sanotut "suuret kertomukset" vielä saattoivat sisältää käsitteellisen hallinnan ominaisuuksia, siinä toisen maailmansodan jälkeen tajunnallisen vallan ottanut niin sanotusti postmoderni opillinen "ismi-identifioituminen" toteuttaa enää pelkästään yleiskäsitteiden maagiset merkitykset. Sosiaalijakoja esittävässä historiallisessa kokokuvassa, jossa sääty-yhteiskunta metamorfoitui samojen ajatusalkioiden jatkumossa luokkayhteiskunnaksi

71

-- ja tämä edelleen "demokraattisten" kansallisvaltioiden poliittisessa elämässä "oikeisto"--"vasemmisto" -jaoksi -- nähdään miten hyvän elämän edellytyksiä etsinyt liberalistinen markkinatalous rappeutuu nyt numeerista kasvua palvovaksi talousmagiaksi, ja miten köyhälle kansanosalle aineellisen toimeentulon perusedellytyksiä tavoitellut työväenliike käpertyy kielteiseksi kultiksi, joka kokee voimaantumista puolustaessaan "ihmisarvo- ja -oikeusideologioiden" juovuttamana ekstriimeja yhteiskunnallisia marginaaliryhmiä tai Eurooppaan tunkeutuvia vieraskulttuurisia kansainvaeltajia.

On omaa tilaamme kuvaavaa, ettemme enää pysty näkemään maailmassamme todellisia vastakohtia, vaan korvaamme ne yleiskäsitteellisillä ymmärrystä noituvilla ideologioilla. Emme näe käsitepintoja syvemmälle. Emme näe että uuden ajan talousajattelu on pohjimmiltaan "uskontoa" -- että autonominen rahatalous todellakin täydellistää "rahaan" alusta alkaen kuuluneen pohjimmiltaan uskonnollislaatuisen kaikkivoipaisuuskuvitelman -- ja että taloususkonto on siis aivan samojen tajunnallisten ajatusalkioiden jatkumo joista kaikki ihmisen "uskonnot" primitiiviseltä asteelta alkaen on rakennettu. Emmekä näe, miten ohuiden lankojen varaan eurooppalainen "tiedollinen" ajattelumme on ripustettu ja millainen tuhovaikutus vieraskulttuureilla tulee kognitiivisiin kykyihimme olemaan. Emmekä näe, että kaikki tämä kyvyttömyytemme nähdä oma nykyinen tilamme selvästi on yhtä ja samaa kyvyttömyyttä.

41.

Durkheimilaisen sosiologian lähtökohdat -- kaiken kulttuurikehityksen sosiaalinen alkuperä -- on tavattoman vaikea asia ymmärrettäväksi. Se että lajillamme on takanaan satojen tuhansien vuosien laumaelämä, jolloin luotiin kaikki ne perustavanlaatuiset asetukset joiden ehdoilla yksilöllisen eriytyminen ja yksilöominaisuudet saattoivat syntyä, on liian iso tosiasia jotta sen koko merkitys avautuisi rajalliselle "tiedollemme".

-- Emme ymmärrä edes sitä mistä Durkheim puhuu "Uskontoelämän alkeismuodoissa" -- että todellakin kaikki "ajattelu" oli alkujaan laadultaan "uskonnollista", ja kaikki käsitteellinen ajattelu ja hallinta syntyi siitä että sosiaalinen organisaatio sai kielellisen vastineen. Inhimillinen kieli on sosiaalista muodostetta -- kaikki kielelliset "alkiot" ovat muodostuneet sosiaalisen "vallan" alkioista. Käsitteellinen kielellinen hallinta omasi aluksi vain samat ominaisuudet kuin mitkä olivat jo olleet olemassa esikielellisessä maailmassa, jossa reaktiiviset kognitiiviset kyvyt oppivat tunnistamaan "samuuden" ja ulkoistamaan "säännön".

Feuerbach oivalsi, että ihmisen ensimmäiset "jumaluudet" olivat nimenomaan "yleiskäsitteen" muotoisia. -- Mutta sen ymmärtäminen, että yleistävällä käsitteenmuodostuksella ja merkityksen annolla on yhä edelleenkin sama tajunnallinen rooli, se menee meiltä yli ymmärryksen. Moniko meistä tajuaa, etteivät maailman eri aikakausien eri uskonnot suinkaan kestä arviointia minään totuusjärjestelminä, vaan ovat kukin vain omalaatuisiaan sosiaalisen vallan käsitteellisiä ilmiasuja? Tai että "talousajattelu" on samoista tajunnallisista alkioista kokoonpantua kuin kaikki muukin maailmamme "uskonnollisuus"? Ettei siis myöskään se maailman valtauskonto, jossa magian tajunnalliset alkiot nyt tulevat todeksi -- siis taloususkonto, joka tekee "rahasta" ei vain vaihdantavälineen vaan autonomisen toimijasubjektin omaten "rahaan" kuuluvan pohjimmiltaan uskonnollislaatuisen kaikkivoipaisuuskuvitelman -- ole muuta kuin oman aikamme muunnos ihmismielelle ominaisesta alkuperäisestä mielenmagiasta ja kaiken ajattelumme primitiivisimmistä premisseistä? --

73

Alussa oli vain lauma, sosiaalinen todellisuus. Johtajan merkkisignaaleiden välitön seuraaminen oli selviytymisen ja henkiinjäämisen ehto. Laumassa vallitseva ja vaikuttava "valta" ei suinkaan ollut mitään "alistamisen" muotoista -- pikemminkin päinvastoin. Siinä toteutui eräänlainen yhteisöllinen "tahto". "Valta" ja "tahto" olivat alussa yksi ja sama, ja vasta tavattoman pitkän lajinkehityksellisen vaiheen jälkeen käynnistyi yksilöllinen eriytyminen. Se oli seurausta paikoilleen asettumisesta, työnjaosta ja roolien moninaistumisesta -- se merkitsi kulttuurin syntyä. Toteamus että "kulttuuri tarkoittaa viljelyä" ei ole truismi, ei trivialiteetti eikä infantilismi. Juuri alkulaumojen paikoilleen asettuminen synnytti kaikki ihmisyyden perusyksiköt ja muutti kielen reaktiiviselta signaalitasolta ensin symptomien ja lopulta symbolien maailmaan. Ja juuri kieli on se ilmiö joka tekee ihmisestä ihmisen ja erottaa hänet ratkaisevasti muista kädellisistä, nisäkkäistä ja kaikista elämän muodoista.

Ihmisyyden syntyä ja kehitystä esittävässä kokokuvassa nähdään miten paikoilleen asettuminen loi sosiaaliset instituutiot ja tajunnallisen jatkuvuuden, jossa "tiedolliset" tajunnalliset alkiot saattoivat kehittyä ja "ajattelun" rakenteet saattoivat vakiintua instituutioiksi. Se että todellakin "kieli on sosiaalista muodostetta" ei ole truismi, ei trivialiteetti eikä infantilismi. Nykyihminen voitti viimeisen kilpailijansa neandertalin ihmisen, koska oma laumakokomme oli suurempi ja se mahdollisti monipuolisemman kielen ja todellisuudenhallinnan. Ihminen on aina selviytynyt ja selviytyy, jos ylimalkaan selviytyy, olemassaolontaistelusta vain lajina ja yhteisöinä, ei toisiaan vastaan kilpailevina yksilöinä. Darwinismin sosiaalinen väärinymmärrys koskee juuri sitä että luulemme selviytymiskamppailua käytävän yksilöiden välillä eikä yhteisön henkiinjäämiseksi.

Ihmisyyden syntymäpäivänä sosiaaliset instituutiot muuttuivat tajunnallisiksi instituutioiksi ja yhteisöllisen "vallan" kaikkiallisuus alkoi loputtoman eriytymiskehityksensä jossa muodostui ja muodostuu yhä edelleen -- siellä missä ihmisyyden luomisjuhlaa vietetään -- erityisiä "tiedollisen" ajattelun alkioita. Kymmenien tuhansien vuosien kuluessa alkulaumoja sosiaalisesti sitonut "vallan kaikkiallisuus" on aikojen varrella painunut enemmän taka-alalle ja ihmismielen tajunnallisella näyttämöllä on alettu esittää enemmän yksilöityneitä roolisuorituksia. Kuitenkin tuo

74

luja sosiaalinen symbioosi on edelleenkin kaiken perusta, ja ellei tiettyä syvää perusturvallisuutta jokaisen uuden sukupolven tajunnalliseksi pohjaksi synny, kaikki ihmisyys hajoaa. Ihmisyys on nimenomaan kehitysominaisuus, ja lajin kehityshistoria läpikäydään edelleen jokaisen yksilön kasvussa symbioottisesta alkusidonnaisuudesta aikuiseen autonomiaan. Suurimittaiset historialliset yhteisötaantumat ovat valitettavasti aina mahdollisia. Tällainen taantuminen on aina suurimittaista, se toteutuu joukkovoimien vaikutuksesta joukkotasolla, ihmisen yhteisöominaisuuksien yhteisöilmiönä, eikä sitä vastaan voi taistella yksilötasolla. -- Juuri tällaisista seikoista meidän kaikesta näennäisestä edistyneisyydestämme ja sivistyneisyydestämme huolimatta pitäisi olla äärimmäisen huolissamme. Ihmisyyden kuolonkouristukset ilmenevät käytännössä yhteiskuntien taantumisessa konemaisen totalitarismin kouriin, jossa yksilöllinen tieto ja tahto katoavat, ja depersonoitunut "vallan kaikkiallisuus" alkaa hallita kaikkea tapahtumista. Pitkälle kehittyneiden kulttuurien kognitiiviset kyvyt on ripustettu hyvin ohuiden ajattelulankojen varaan, ja juuri siksi kehittyneimmät yhteiskunnat ovat haavoittuvimpia, eikä esimerkiksi korkea aineellinen elintaso tee niistä yhtään kestävämpiä. "Vallan" kaikkialliset voimavaikutukset ovat aina kaikkien "tiedollisten" kykyjen edellytyksenä, mutta pitkälle eriytyneiden yksilöiden kielimaailmassa -- käsiterealismin "tiedollisen" kaikkivallan maailmassa -- emme enää tajua että kaiken kulttuurisen kehittyneisyyden ylläpitämisen edellytyksenä on edelleenkin kunkin kulttuurin omien kehitysteiden ehtojen toteutuminen. Se alkaa kunkin yhteiskunnan oman sosiaalisen eheyden varjelemisesta.

42.

Kaiken, todellakin aivan kaiken ihmistä koskevan kuvauksen ja selityksen täytyisi lähteä liikkeelle tosiasiasta, että ihminen on alunalkaen, olemuksellisesti ja kokonaan, sosiaalinen olento. Ja että ihmisen erityiset ominaisuudet, kieli ja ajattelu -- koko kulttuurievoluutio -- ovat pohjimmiltaan sosiaalista muodostetta. Tämä pitää nähdä myös instituutioiden kannalta. Sosiaalista laumaeläintä määräävät lauman organisoitumisen valtahierarkiat, jotka ovat kehityksen varhaisvaiheessa kaikelle elolliselle ominaisia puhtaita henkiinjäämisohjelmia. Ihminen on aina selviytynyt ja selviytyy -- sikäli kun yleensä selviytyy -- eloonjäämistaistelussa lajina ja yhteisöinä, ei suinkaan vahvoina yksilöinä, ja darwinismin sosiaalinen väärinymmärrys koskee juuri sitä että kuvitellaan olemassaolonkamppailua käytävän yksilöiden välillä eikä lajin jatkuvuuden takaamiseksi.

Sosiaaliset instituutiot kuten valtahierarkia takaavat nimenomaan yhteisöllistä jatkuvuutta. Kun lauman johtaja kuolee, hänen tilalleen astuu hänen seuraajansa, eikä vallan organisaatiossa tai määrässä tapahdu mitään muutosta. Aivan vastaava institutionalisoituminen meidän pitäisi nähdä kaikissa "sisäistyneissä" sosiaalisissa muodosteissa, kuten kielessä ja ajattelussa. Ei riitä, että ymmärretään miten alkuperäinen ajattelulaatu oli "kaikkiallista" ja miten elämänmuotoon kuuluvia samuuden piirejä suljettiin käyttämällä kaikesta yhteenkuuluvasta samaa "nimeä" (totemismi, Durkheim). Ei riitä että ymmärretään miten ihmisen ensimmäiset "jumaluudet" olivat "yleiskäsitteen" muotoisia (Feuerbach). On ymmärrettävä että tämä varhainen ajattelulaatu toimii edelleenkin kaiken ajattelun perustana ja alustana, ja että "yleiskäsitteillä" on edelleenkin institutionalisoitunut "itsekantava" ominaisuus. "Yleiskäsitteet noituvat ymmärryksen", sanoi Wittgenstein.

Juuri tämän itsekantavan ominaisuuden varassa "vallan" alkiot yhä rakentavat kaikkiallisia siltoja yli käsitepintojen. Ajattelumme "holismi" on sitä että meillä on miljoonien vuosien kehityshistorian meihin istuttama, institutionalisoitunutta sosiaalista "valtaa" vastaava sisäistys tajunnassamme. Tätä "holismia" emme saa käsitteillä täysin määritellyksi -- se muodostuu "vallan" alkioista ja on siten olemuksellisesti erilaatuista kuin mikään "tiedollinen". Eurooppalaisen uuden ajan filosofia on kuin välttämättömyyden pakosta ajautunut tiedonfilosofiasta kielifilosofian suuntaan, ja Wittgensteinin vaistoama harha on olemuksellisesti juuri se mihin hän itse lankeaa "Tractatuksessa" liimatessaan aksiomaattista muodollista ajattelua vahvasti "holistisena" koetun (kirjoitetun) kielen päälle.

Sellainen ei tietenkään voi onnistua. Mikään yksilöllisen eriytymisen mukanaan tuoma "tiedollinen" kielimaailma ei palaudu alkuperäiseen "vallan" alkioista muodostuvaan ajattelualustaan. Mikään yksilöllinen ei tässä mielessä ylimalkaan palaudu mihinkään sosiaaliseen -- juuri tästä on kyse durkheimilaisessa sosiologiassa. Mehän näemme eurooppalaisen yksilöajattelun valossa nuo asiat aivan toisin päin -- toisesta suunnasta. Me yritämme palauttaa kaikki kuvaukset ja selitykset yksilöön, mikä tosiasiassa on vain ja nimenomaan oman aikalaisajattelumme valtavaa totaalista harhaa. Meille Durkheim on esitettävä näinpäin: on olemassa yhteisövoimia, yhteisöominaisuuksia ja yhteisöilmiöitä, jotka eivät palaudu yksilöiden ominaisuuksiin ja pyrkimyksiin.

Voisimme tietysti sanoa: kaikki "tiedollinen" on olemuksellisesti yksilöllistä, mutta kaikessa "tiedollisessa" varsinaisesti vaikuttava ainesosa palautuu sosiaalisen "vallan" institutionaalisiin ominaisuuksiin. Mutta tämäkään ei olisi totuudenmukainen kuva tilanteesta. Toisiinsa palautumattomat maailmat ovat olemassa, ja ne ovat käsitteellisesti ratkeamaton ongelma.

43.

Vallan "kaikkiallisuus" palautuu kaikkein omimpaan lajiominaisuuteemme -- siihen että ihminen on yhteisöolento. Olemme aina eläneet laumoissa, ja selviytymisemme on aina lauman selviytymistä. "Valta" on olemuksellisesti yhteisövoimia, yhteisöominaisuuksia, yhteisöilmiöitä. "Valta" luo ja organisoi yhteisön -- "valta" yksinkertaisesti on sitä, että yhteisö organisoituu. "Valta" on alusta alkaen ja kehityksellisesti hyvin pitkälle sama asia kuin myöhemmin yksilökokemuksena eriytyvä "tahto". "Vallan" jatkumossa syntyvät yhteisöllisen samuuden, yhteisyyden, ja myös tiedollisen samuuden ja yhteyden piirit. "Minän" eriytyminen ja kielen ja ajattelun "lokatiivisten" jäsennysten syntyminen ovat pitkä kehityshistoriallinen prosessi, joka jokaisena aikana kertautuen toistuu pienessä mittakaavassa yksilökehityksessä.

Durkheimin jäljittämät "uskonnollisen elämän alkeismuodot" ovat vain yksi tarkastelukulma kaiken yhteisöllisyytemme alkuperäisiin "tajunnallisiin alkioihin". Uskontoelämän alkeismuodot -- kuten se mitä "totemismiksi" olemme oppineet nimittämään -- ovat alkulaumojen kehityksen keskeisiä elementtejä. Oikein ymmärrettynä näemme niissä lajimme olemukselliset sosiaaliset ominaisuudet -- ja myös tajuntamme elementaariset tiedolliset emergenssit. -- Tällä todella "suurella kertomuksella" on alunperin sisällään kaikki myöhemmin kehityksessä eriytyneet ja lopulta oman käsitteellisen irtiottonsa tehneet "ajatteluelementit", jotka sitten lopulta noituvat käsiterealistisella vakuuttavuudellaan ymmärryksemme.

Kun sanomme että "kulttuurit ovat kovia kognitiivisia tosiasioita", tarkoitamme sitä että yhteisövoimat, yhteisöominaisuudet ja yhteisöilmiöt ovat olemuksellisesti "sementoituvia" -- eli kaikki inhimillinen kehitys on aina perustunut "samuuden" eli invarianssin vakiinnuttamiseen. Sosiaaliset muodot -- joita tiedollisetkin muodot pohjimmiltaan siis ovat -- ovat pyrkineet vahvistamaan arvoaan ja vakiintumaan. Ja näin "kulttuurin" kova ydin on jotakin joka ei ole "ulkoapäin asetettavissa" tai edes vaikutettavissa. "Kulttuurit" ovat jotakin joiden rajojen yli nimenomaan ei astuta -- ne ottavat toisiltaan "vaikutteita" vain omilla ehdoillaan.

Durkheimilaisittain määritellyt "pyhä ja profaani" tarjoavat esimerkkejä sitä miten tiukkoja kulttuuriset ehdot voivat olla. Esimerkiksi kulttuurinen kuvakielto tai pyhien tekstien käännöskielto. Kulttuurien "pyhä" ydin on niiden kaiken -- siis aivan kaiken -- sosiaalisen yhteyden ja tiedollisen jäsennyksen fundamentaalinen perusta, lähtökohta, jota yksikään kulttuuri ei voi luovuttaa pois tai toiseksi muuttaa. Loukkaukset kulttuurista fundamentaalista "pyhyyttä" vastaan ovat äärimmäisen sanktioituja kaikkialla. -- Niin myös meillä eurooppalaisilla. Ja traagista on, että oman kulttuurimme perusasetusten mukaan me mieluummin teemme "outoa itsemurhaa" kuin sallimme itsellemme "vallan" soveltaa omia fundamentaalisia arvojamme vieraskulttuurisiin ihmisiin.

Miten primitiivisemmällä tavalla kulttuuri sulkee "pyhyyden" piiriin laajan "samuuden" voimakentän, sitä vahvempi sosiaalinen sitovuus kulttuuria määrää. "Vallan kaikkiallisuudessa" on kysymys nimenomaan "pyhän" voiman sosiaalisesta sitovuudesta, jossa minkäänlaatuista profaania joustoa ei sallita eikä pystytä hyväksymään. Kyseessä ovat puhtaasti yhteisövoimat, yhteisöominaisuudet ja yhteisöilmiöt -- yksilölliset tunnot rajoittuvat sosiaalisesti ohjaaviin voimiin, kunnian- ja häpeäntuntoihin.

Näillä tunnoilla ei ole mitään tekemistä yksilöllisen eriytymispyrkimyksen tai kasvukehityksen kanssa, ne ovat dynaamisesti täysin erisuuntaisia. Näiden tuntojen "pyhyys" ei saisi olla mikään kulttuurinen suojelukohde. Kehittymättömien kulttuurien kehittymättömyydessä ei todellakaan ole mitään säilyttämisen arvoista.

44.

Antiikin kreikkalaisten jumalat olivat ihmishahmoisia ja kuolemattomia, mikä kauniilla tavalla kertoo siitä ajattomasta ja paikallistumattomasta "myyttisestä" maailmankuvasta joka muodosti kreikkalaisen sielun. Ihminenhän on aina luonut jumalat omaksi kuvakseen -- niin on tapahtunut aivan alusta, ensimmäisten yleiskäsitteiden synnystä ja primitiivisten yhteisöjen totemismista alkaen.

Kreikkalaisten miellemaailmassa ajattomuus ja paikallistumattomuus hahmottuivat asteittain aivan kuin paralleelina sille että jumalat olivat kuolemattomia, mutta puolijumalat eivät välttämättä enää, ja sankaritarustoissa juuri kuolemalla on suuri rooli. Ikuinen ideainen nuoruus kuului kaikelle mikä oli kaunista ja palvonnan kohteena, ja kuten kaikki ajalliset rasitteet, myös reaalinen paikantuminen puuttui jumalilta. Kaikkiallisuudessa paikat paikallistuvat kaikkea muuta kuin reaalimaailmaan. Jumalat elivät Olympos-vuorella, mutta vuori on mitä myyttisin paikka, se on luonnonjumaluus jo itsessään, ja samoin kuin kreikkalaisten jumalien ihmisläheisyys, myös vuori on "maallisempi" idea kuin esimerkiksi myöhempien kristittyjen "taivas".

Jos näkisimme läheltä ja tarkasti ne tajunnalliset alkiot jotka muodostivat kreikkalaisten myyttisen miellemaailman, huomiomme kiinnittyisi tapaan jolla vertikaaliset visuaaliset hahmot provosoivat ajantajua. Se kognitiivinen kytkentä joka nimenomaan tietyillä visuaalisilla mielteillä on yleiseen ajantajuun on ihmislajin koko kehittyneisyyden, koko kulttuurievoluution kulminaatiopiste. Ensin "aikaa" ei ole -- ja vielä myöhemmässäkin historiassa on aivan mahdollista että vahvat yhteisölliset joukkotaantumat hävittävät ajantajun ja sen myötä ymmärryksen esimerkiksi syysuhteista tai persoonakohtaisesta vastuusta -- ja vasta kun "aika" muuttaa maailmankokemuksen dynaamiseksi jatkumoksi, syntyvät edellytykset tiedolliseen todellisuudenhallintaan.

Alkulaumassa vallitsi vahva sosiaalinen sitovuus, kaikkiallinen "valta", eikä "aikaa" ollut. Oli vain vuorokausirytmin vaihtelu, jonka valtavaa roolia tajuntamme fundamentaalisissa kerrostumissa, joissa esimerkiksi kognitiivinen työnjako kuulo- ja näköaistin välillä on kehittynyt ja joiden vaikutuksesta "pyhä" ja "profaani" eriytyivät (Durkheim), ei mitenkään pysty ylikorostamaan. Onko mitään ihmeellistä siinä että kaikkialla on palvottu aurinkoa, kuuta ja tähtiä? -- Oli myös luonnon kiertokulkuja jotka alustavasti auttoivat hahmottamaan aikaa niissä laumoissa jotka asettuivat pysyvästi paikoilleen ja alkoivat viljellä kulttuuria. Kehittyneimmät kalenterit löytyvät sieltä missä elettiin vuorilla. Vuoret ovat ehkä kehittäneet ihmislajia enemmän kuin mikään muu maanpäällinen virike -- vuoret ovat antaneet perspektiivin, ja perspektiivi antoi ajantajun.

Hyvä kuva antiikin kreikkalaisten sosiaalisesta sitoutumisesta syntyy kun seuraamme miten he hakeutuivat toistensa seuraan kutsuakseen vuorilta Dionysosta, viinin jumalaa. Luvassa ei ollut vain suloista nautintoa, vaan mahdollisesti jotain arvaamatonta, ei-toivottua, pelättyäkin. Viinin jumala ei aina kohdellut palvojaansa lempeästi, vaan saattoi ottaa juojan pahalla tavalla haltuunsa. Humala hävitti lopullisesti ajan ja paikan tajun. Siksi juominen oli ryhmärituaali -- jokainen oli toisensa turvana taltuttaakseen Dionysoksen mahdollisen riehumisen. Maljat tyhjenivät samassa tahdissa, tilannetta pidettiin kontrollissa. Sosiaalinen sidos toimi alkuperäisen ominaisuutensa pohjalta, se antoi turvaa.

Eurooppalainen nykyihminen juo alkoholia irrottautuakseen ja vapautuakseen sosiaalisesta paineesta. Sosiaalisesti sitova kaikkiallinen valta ei enää määrää kaikkea. Jos kulttuurinen ja yksilöllinen perusturvallisuus on kunnossa, ja jos kulttuuri antaa hyvät eväät elämänhallintaan, pitkälle menevä yksilöllinen eriytyminen mahdollistuu. Toisin on kulttuureissa joissa yhteisövoimat yhä vaikuttavat vahvoina. Niissä tyypillisenä yhteisöominaisuutena on joukko tajuntaa amputoivia ankaria kieltoja, joista alkoholikielto on yksi. Nämä kiellot eivät koskaan ole lähtöisin Dionysoksen kaltaisilta ihmismuotoisilta jumalilta, vaan kieltoja sanelee Ankara Tabu, josta tyypillisesti ei saa piirtää esittävää kuvaa. Kiellot ovat kulttuurista itsetuhoa, eikä itsetuhosta ole sosiaalisesti sitovissa yhteisöissä koskaan kaukana sosiaaliyhteyteen laajennettu itsetuho, eli terroriteko.

45.

Suurten ajatushistoriallisten kulttuurikaarien hahmotteleminen luo kenties väärän käsityksen siitä millaisia nuo ajattelun institutionalisoitumista takaavat ajatukselliset tajunnalliset alkiot ovat. Tämä väärinkäsitys on yksinkertaisesti sitä, että kuvittelemme ajattelun "monadit" jonkinlaisiksi atomaarisiksi rakennealkioiksi -- juuri sillä tavalla kuin Leibniz "monadin" esitteli. -- Että se siis on ikään kuin pienin mahdollinen tajunnallinen rakenneosa, jotain perustavanlaatuista, yksinkertaista, ja yksinkertaisen on pakko olla olemassa siksi, että on olemassa koosteita, monimutkaisia komplekseja, suuria kokonaisuuksia.

Paljas kokoluokka-ajattelu pudottaa kuvasta pois sen, että tajunnalliset alkiot ovat laadullisesti jotain aivan muuta kuin alkioiden varassa rakennellut "ajatusmaailmat". Tajunnalliset alkiot ovat olemuksellisesti puhdasta "valtaa", joka yksilöllisen eriytymisen asteella metamorfoituu "tahdoksi", joka on kokemuksellista mutta tuo mukanaan itserefleksion ja "tiedon", joka kasvaa käsitteellisiksi maailmoiksi, joilla on korrespondenttisen totuudellisuuden siunaamia kosketuskohtia todelliseen maailmaan. Alussa on vain magia ja "valta", lopussa "tiedolliset "käsitemaailmat.

Ihmismielessä tapahtuu ihme, taikatemppu, jossa maagisen "vallan" atomeista kudotaan historiallisia jatkumoita ja konstruoidaan todellisuudenhallintaa mahdollistavia käsitekoneistoja. Jokin joka on olemuksellisesti sosiaalista, "valta", institutionalisoituu, ja ajallisista rakenteista alkaa hahmottua "tiedollisia" hallintarakenteita. Mutta toisalta se mikä on sosiaalista -- siis "valtaa" -- jatkaa historiassa sosiaalisina instituutioina, esimerkiksi durkheimilaisina sosiaalisina "vakioina", ja se mikä on eriytynyt yksilön kokemukseksi -- siis "tahto" ja "tieto" -- se toteuttaa toisenlaatuisen emergenssin.

Ei ihme että olemme täydellisen käsitesekaannuksen vallassa. Kun yksittäisen ihmisen mahdollisuudet päästä käsitteelliseen selvyyteen törmäävät siihen että jokainen meistä on suljettu oman historiallisen kulttuurikognitiomme, oman kielemme ja henkilöhistoriamme häkkiin, mikään ei estä maagisen vallan omaavia yleiskäsitteitä noitumasta ymmärrystämme. Koemme että käsite on sitä pätevämpi mitä suuremman merkityskatteen se antaa -- pidämme kehittämiämme yleiskäsitteitä enemmän kuin

82

välttämättöminä -- pidämme niitä ajattelumme pätevyyden sinettinä -- ja koemme niiden kautta saavuttavamme "hallintaa". Tapa jolla palaamme keskiaikaiseen skolastiseen käsiterealismiin ja alamme taas päätellä käsitteistä todellisuuteen päin, jää silmämme sokeaan pisteeseen.

46.

Vallan auktorisoituminen on olemuksellisesti sosiaalinen ilmiö, mutta tietysti sillä on vastineensa yksilön tajunnassa. Nämä tajunnalliset alkiot ovat ainoa mahdollisuutemme jäljittää sitä mitä todellisella sosiaalisella tasolla tapahtuu. Meillä ei ole käsitteitä, joilla voisimme kuvata alkuperäisiä kollektiivisia yhteisövoimia, yhteisöominaisuuksia ja yhteisöilmiöitä, koska niissä on kysymys enemmän "vallan" kuin "tiedon" tajunnallisista alkioista, ja ainoa mahdollisuutemme on kuvata niitä käsitteillä, jotka ovat syntyneet yksilötason kielimaailmassa.

Durkheimilainen sosiologia on vaikea ymmärtää nimenomaan siksi, että siinä jäljitetään jotain yksilötasolle palautumatonta. Kaiken sellaisen "reaalisuudesta" emme saa otetta -- meillä on heikot eväät. Sosiaalipsykologian klassikoista monet yrittävät määritellä "minää", ja siinä yrityksessä tehdään epätoivoisiakin käsitteellisiä taikatemppuja. Sillat yhteisötodellisuuden ja yksilöminuuden välille on toki mahdollista rakentaa -- esimerkiksi Meadin ajattelu on loistavaa pioneerityötä -- mutta nämä sillat muuttuvat kuvitteellisiksi kun käännytään käsiterealismin kielimaailmoihin ja aletaan ikään kuin kävellä vetten päällä.

Semiotiikka tekee sellaisen erehdyksen, samoin Lacan, ja sitten niin sanotut postmodernistit. Kun historiallinen kehityslinja katoaa taustalta, ollaan irti kaikesta reaalisesta. Silloin korrespondenttista totuudellisuutta ylikorostetaan kompensatiivisesti ja silmät sokeina vedotaan "tutkimuksiin" joiden lähtökohtaasetukset on paalutettu käsiterealististen kielimaailmojen maamerkkeihin. Kaikki muuttuu relativistiseksi koska kehityksen tosiasia on poistettu todellisuudesta ja kuhunkin todistelutarpeeseen kehittyneet palautuspisteet sementoitu tajunnallisiksi vakioiksi. Tällaisessa maailmassa me nyt elämme.

Oma eurooppalainen uuden ajan ajattelumme on lajihistoriallisesti ainutlaatuista, koska me olemme kehittäneet yksilöllisen eriytymisen -- individualismin -- niin pitkälle. Individualismimme on itse asiassa kasvanut jo sokeuden asteelle, mikä tarkoittaa nimenomaan sitä ettemme enää pysty käsittämään kuinka olemuksellisesti sosiaalista kaikki hahmon- ja käsitteenmuodostuksemme on. Individualismi on eriyttänyt yksilön ja objektivoinut todellisuuden, ja tästä "kartesiolaisen" rationaalisuuden lähtökohdasta olemme kehittäneet uudet, lähinnä visuaalisen kognition varaan rakentuneet erityistieteet. Ne eivät kuolleet omien aitaustensa vankeina, vaan jatkoivat dynaamista eriytymistään jakautumalla sisäisesti tutkimuskohteiden, koulukuntien ja oppisuuntien mukaan. Niiden perintönä olemme päätyneet elämään eräänlaisessa "ismien" maailmassa, jossa jo jonkin "ismin" mukainen käsitepuitteistus riittää antamaan asioille totuudellisuuden leiman.

Tämä "ismien maailma" elää puhtaassa käsitetodellisuudessa, käsiterealismissa. Sen sisällä mikään kyseenalaistaminen ei enää onnistu, koska ollaan todella tyhjän päällä. Jos yleiskäsitteellisesti kyhättyjen, toisiinsa kytkettyjen ja toisiaan määrittelevien käsitteiden itsekantavat dynaamiset voimat paljastettaisiin harhoiksi, koko tajunnallinen maailma romahtaisi. Siksi juuri relativistiset totuudet ovat kaikkein mahdottomimpia oikaistaviksi -- niiden ainoa mahdollisuus on suvaita toisiaan välittämättä siitä että ne sulkevat reaalimaailmassa toisensa pois. Kun toiseen vaakakuppiin pannaan ylihistoriallisilla, ylikulttuurisilla, ylikansallisilla ja yliyhteisöllisillä yleiskäsitteillä kyhätty käsiterealistinen kielimaailma, ja toiseen todellisuus, käsitteet painavat aina enemmän.

Postmodernin maailman relativismi on karmaiseva muistutus durkheimilaisen sosiologian tosiasioista. Koska kaikki "tiedollinen" ajattelumme on pohjimmiltaan "vallan" auktorisoitumisen mekanismia, "tieto" voi lopulta kääntyä myös itseään vastaan. Kaikessa "tiedossa" ja "totuudessa" olennaisin olemuksellinen osa on aina siihen sisältyvä "vallan" vakio.

47.

Havaintoesimerkki siitä miten täydellisesti "eri tasoille" sijoittuvat "vallan" alkuperäiset tajunnalliset alkiot ja toisaalta yksilölliseksi "kokemukseksi" ja käsitteelliseksi kieleksi muovautuneet "tiedon" tajunnalliset alkiot, on laboratoriossa tapahtuva aivotutkimuskoe, jossa mittalaitteilla voidaan koehenkilön aivoista havaita hänen tekemänsä "päätös" jo ennen kuin hän itse "kokee" ja kielellä ilmaisee esimerkiksi kumman kahdesta vaihtoehdosta on valinnut.

Tämä tutkimus on asettanut niin sanotun yksilöllisen "vapaan" tahdon kyseenalaiseksi, mutta tuon tulkinnan käsitteenmuodostus on väärä. Ongelmahan ei tosiasiassa sijoitu yhdelle tajunnalliselle pinnalle tai yhteen ajatukselliseen avaruuteen -- sinä on kysymyksessä nimenomaan tajunnallinen kerrostuneisuus. "Tahdon" alkuperäiset tajunnalliset alkiot ovat kollektiiviolennon kaikkiallista "valtaa", jossa millään yksilötietoisuudella saati "tahdon" kokemuksella tai "tiedon" kielellisellä ilmaisulla ei vielä ole mitään roolia. Se että tämä etäisyys tajunnallisten kerrosten välillä tulee ilmi aivosähkömittauksissa ei oikeastaan kerro muusta kuin lajimme kulkeman evolutiivisen matkan suunnattomasta pituudesta.

Emme edelleenkään tiedä mitä tiedollis-käsitteellisillä pinnoilla muodostamamme "tahdon" käsite voisi todellisuudessa merkitä. Sitähän voisi jäljittää toisessakin yhteydessä -- hypnoosi-ilmiössä "tahto" saadaan siirtymään henkilöltä toiselle. Mihin "vapaus" siinä kuviossa sijoittuu? -- Tällaiset empiirisesti todettavissa olevat ilmiöt -- siitä huolimatta että ne voivat ja ehkä ovatkin jo johtaneet niin pahoihin käsitesekaannuksiin että itse ilmiöiden olemassaoloa epäillään ja vulgaaripositivistien suunnasta jyrkästi kiistetäkin -- antavat hyviä viitteitä siitä missä totuus ihmisestä sijaitsee. Ja se ei siis sijaitse opillis-tiedollisen kielen, vaan ennen ensimmäisiäkään yksilöllisiä muodosteita vaikuttaneen kollektiivisen kaikkiallisen "vallan" maailmassa.

48.

Kaikki ihmistä, hänen järkeään ja käyttäytymistään koskeva "asiantuntijuus" jää niiden yleiskäsitepintojen tasolle jotka vallitseva aikalaisajattelu on vakiinnuttanut.
Kysymys ei siinä ole vain "asiantuntijoiden" kyvyttömyydestä jäljittää historiallisessa syvyyssuunnassa ilmiöiden institutionaalisia ominaisuuksia, ja, tai, samanlaisuuksia -- niin että he esimerkiksi sanoisivat: "Kuten "rotuopit" olivat viime vuosisadan alun auktorisoidun kansatieteen virallinen totuus, samoin "ihmisarvo" puhuttelee oman aikamme kulttuurieliittiä, ja samoin "ihmisoikeudet" voivat toimia totalitaristisen järjestelmän tunnustuksellisena ideologiana" -- vaan kysymys on lopulta kaiken "asiantuntija-analyysin" roolista, joka on olemassa vain aikalaisajattelun pinnan tasossa.
"Logiikkaa" ajattelemme "oppina käsitteellisten operaatioiden oikeista muodoista", ja muodollinen logiikka muistuttaa kovasti matematiikan harrastamista. Määre "looginen" valjastettiin esimerkiksi ensin "positivismiksi" kutsutun tieteenfilosofian eteen, ja kun tiedonhankinnassa korostui kokeellisen todellisuusvasteen rooli, alettiin puhua "loogisesta empirismistä". Mittaustulosten eksaktiutta vastasi tiedollisen ajattelun puolella käsiteanalyysi ja merkitysten täsmentäminen -- ja tällä tiellähän yhä ollaan, kaikki yritetään kääntää formalismeiksi, ja formaalit operaatiot yhtälöiksi.
Eurooppalaisella uudella ajalla empirismi on luonnontieteissä tuottanut koskaan aiemmin näkemätöntä todellisuudenhallintaa, teknistä kehitystä ja teollista hyvinvointia. Mutta ihmistieteet ovat kokonaan toinen asia -- kun kokeellinen tutkimus tarvitsisi ensin todellisuutta mahdollisimman hyvin kuvaavat lähtökohtaiset käsitteet, ihmisen järjen ja käyttäytymisen kuvailuun sisältyy jo lähtökohtaisesti eläytymistä ja tulkintaa, jonka roolia saaduista tuloksista ei voida erottaa.
Ehkä on niin, että ihmistä voi vain ymmärtää. Mutta silloinkin ymmärrys voi valaista vain kapean kaistan "ilmiöstä nimeltä ihminen" -- meillä ei ole koskaan mahdollisuuksia esimerkiksi palata historiassa taaksepäin nähdäksemme entisiä elämänmuotoja ja ymmärtääksemme niiden ihmisiä. Meidän on aina pakko lähteä liikkeelle oman aikalaisajattelumme ja kielimaailmamme an-

tamista lähtökohdista -- mikä tarkoittaa sitä että kaikki mikä jää käsitehäkkimme ulkopuolelle jää myös järkemme ulkopuolelle, eikä mikään "johdonmukainen looginen päättely" voi viedä meitä yhtään lähemmäs toisia todellisuuksia.

Vaikka matematiikassa puhutaan joukko-opista, joukoista ja alkioista, ihmisen kehitysvaiheiden ymmärtäminen ei onnistu samanlaisilla metodeilla kuin laskenta matematiikassa. Kehityshistoria ei ole määrällistä kasvua, emmekä voi "analysoida" sitä "palauttamalla" myöhäsyntyiset ilmiöt syntysijoilleen johonkin "palautuspisteeseen". Inhimillinen kehitys on nimenomaan uusien laatujen emergoitumista ja uusien päättelysääntöjen määräysvaltaa. Se mikä on olemassa "symbioottisen kaikkiallisuuden" tajunnantilassa ei kuvaudu ja selity täydellisesti minkään ulkopuolisen järjen tai käsitteistön keinoilla. Se mikä on olemassa omassa yksilöllisesti eriytyneessä "tiedollisten tajunnallisten alkioiden" maailmassa, ei ole palautettavissa kehitykselliseen varhaisvaiheeseen.

Toki kehityksellä on suuntansa. Kaikki mikä on alkuperäistä on meissä yhä jäljellä jossain rakenteemme vanhoissa poimuissa ja ajattelumme maagisissa taipumuksissa -- mutta myös se on matkan varrella muokkautunut joksikin muuksi ja toimii nykyisin kokonaisuuden ehdoilla. Jokin aavistus meillä silti saattaa siitä olla. Samaten meidän pitäisi "tietää" esimerkiksi että "yksityinen vapaa tahto" on kokemuksellinen ilmiö joka ei sellaisenaan "palaudu" alkulaumaa läpäisseeseen "kaikkialliseen valtaan".

Me pohdimme omien käsitteidemme varassa niin kohtuuttomia. Päättelemme -- tai paremminkin kuvittelemme -- kielimaailmastamme todellisuuteen päin. Ne ovat niitä projektioita ikkunattomien monadien sisäpinnalla. "Vallitsiko alkulaumassa patriarkaatti vai matriarkaatti?" -- Ei vallinnut, sillä "patriarkaatin" ja "matriarkaatin" tarvitsemat tajunnalliset alkiot vallitsevat vain omassa ajassamme.

49.

Muuan seuraus joka on omassa ajassamme vahvasti vaikuttavalla käsitetiedolla on se, että eri alojen "asiantuntijat" eivät itsessään tai toisissaan tunnista eivätkä ainakaan tunnusta sitä että he saavat pätevyytensä hyväksikäyttämiensä "vallan" alkioiden pohjalta. Yhteiskunnallisten kysymysten kohdalla tällä hämäyksellä on ratkaiseva merkitys -- kun vedotaan "asiantuntemukseen" ja "puolueettomuuteen", ollaan nousevinaan kaikkien "valtapyrkimysten" yläpuolelle, vaikka tosiasiassa juuri kaikki "asiantuntemus" tarkoittaa vain "vallan" alkioiden jatkumoa "tiedollisten" alkioiden muodostamille käsitepinnoille.

Kun tämä yhteiskunnallisen keskustelun ongelma sijoitetaan ajatushistoriallisiin raameihin, oman aikamme totaalinen käsitesekaannus näyttää hirvittävimmät puolensa. Kielimaailmamme ovat täynnä käsitetiedollisia väistöliikkeitä, ja itsekantavuuden jatkumot kutovat vain harhoja harhojen perään. Käsitetiedosta kyhätään ismejä ja kokonaisia kultteja, joiden vastavoimiksi syntyy sitten kielteisiä negatiivisia kultteja (Durkheim). "Ilmastonmuutos" ja "ihmisoikeudet" ovat itsekantavia kultteja, niiden vastavoimat mitätöidään "populismina", joka on siis negatiivinen kultti. Kumpaakin palvotaan samojen vallan alkioiden pohjalta. Mutta "valta" on tabu, sitä (käsitettäkään) ei koskaan sanota ääneen -- se sijoittuu tiedollisten käsitepintojen alle, ja siellä se kannattelee vetten päällä käveleviä tiedollisia auktoriteetteja, uutislähetyksissä esiintyviä "tutkijoita" ja muita "asiantuntijoita".

Kun "asiantuntemuksella" auktorisoidut käsitetiedolliset sillat sementoituvat ja kantavat yli tabuaukkojen, syntyy näennäisen tiedon valtakunta. Siinä kuplassa käydään ns. sivistynyttä yhteiskunnallista keskustelua. Kukaan ei epäile sananvapautta, koska kaikki mikä annetuilla käsitteillä on sanottavissa voidaan tosiaan sanoa. Puuttuvilla käsitteillä on paha keskustella. Ehkä joskus jotakuta saattaa ohimenevän hetken verran vaivata tunne ettei kaikkea, tai edes olennaista, ole saatu sanotuksi, mutta se menee nopeasti ohi.

50.

Mitä hyötyä on filosofian opiskelusta sellaiselle, joka ymmärtää Wittgensteinia? -- Kun näet "tiedollisten" käsitepintojen alle, hahmonmuodostuksen alkusumuun, jossa käsitteet vasta alkavat saada sanaluokkien, sijamuotojen, lauseenjäsenten, yms, kaltaisia ominaisuuksiaan -- mitä hyötyä sen jälkeen on enää tutustua kaikkiin tavattoman monenlaisiin "opillisiin" käsitekonstruktioihin, joilla filosofit ovat kautta vuosisatojen epätoivoisesti yrittäneet tämän maailman salaisuudet sanoihin vangita?

Tai mitä hyötyä on opiskella yhteiskuntatieteitä sen jälkeen kun olet ymmärtänyt yhteisövoimien, yhteisöominaisuuksien ja yhteisöilmiöiden omaehtoisuuden -- asian, jota Durkheim yritti jäljittää? -- Mitä hyötyä on enää konstruoida käsitekoneistoja, joilla yritetään ikään kuin sivuuttaa ymmärtämättä jäänyt yhteisötodellisuus ja tehdä jonkin ilmiön yksilölähtöinen selitys päteväksi?

Vastaukseksi tällaisiin kysymyksiin ei riitä esimerkiksi että todetaan: "Mutta onhan toki tutustuttava kaikkeen tietyllä oppialalla aikojen varrella vaikuttaneeseen ajatteluun. Vasta sen jälkeen, kun olet läpikäynyt tiedonalan aitauksen laidasta laitaan, voit päättää, mihin itse kiinnityt." --

Tällainen "horisontaalinen" tietokäsitys, jossa "tieto" mielletään käsitepintoina, joissa tiedolliset sisällöt kytkeytyvät keskenään tietyn järkiajattelun sementoimina yhtenäisiksi alueiksi, ei ole vain riittämätön vaan lähtökohtaisesti väärä. Kaikessa ihmistiedossa ainoa todella vaikuttava komponentti -- muodostuu niiden "vallan alkioiden" vaikutuksesta jotka syvyyssuunnassa nousevat hahmon- ja käsitteenmuodostuksen alkuhämärästä ja nähdään -- niiden alkuperää ymmärtämättä -- käsitepintojen tasolla "totuudellisina" tai koetaan muuten auktorisoituneina.

Ajatukset ovat todellakin kuin tähtikuvioita taivaalla. Näemme näitä konstellaatioita aina tietystä näkökulmasta, ja koemme taivaan pintatasona, johon tähdet on tiettyyn kuvioasemaan liimattu. Voimme antaa sille nimen: "Iso Karhu", "Pieni Karhu" (tunnistamme samuuden), "Orion", jne. -- Tämä on siis ikään kuin ikioman monadimme ikkuna. -- Mutta todellisuudessa tähdet sijaitsevat avaruuden syvyyssuunnassa kaukana kaukana kaukana toisistaan, ja kuvio syntyy vain sijaintimme perusteella ja vain omassa tietoisuudessamme.

"Valta" ratkaisee aina, "tieto" on vain tähtiä taivaalla tai laskoksia kuninkaan viitassa. "Valta" on aina alkuperäistä, sitä on mahdotonta irtisanoa "tiedosta". Niin "pätevää" kuin korrespondenttisesti tosi "tieto" voikin olla, ja niin paljon kuin sillä onkin eurooppalaisella uudella ajalla saavutettu todellisuudenhallintaa, silti aina vaikuttavana motiivina on "valta". -- Eikä tässä saa siis erehtyä luulemaan, että alkuperäinen "valta" olisi jotain hirmuvaltaa tai ylimalkaan alistamista -- sehän on oikeastaan jotain aivan muuta. Se on yhteisövoimien, yhteisöominaisuuksien ja yhteisöilmiöiden omaehtoisuutta ja ensisijaisuutta. "Kaikkiallisuus" on kaiken totuudellisuuden alkuperäisin muoto, suuri yhtenäisteoria, jota emme koskaan tule "tiedollisesti" tavoittamaan.

51.

Mitä maailmassa tapahtuisi, jos yliopistojen arvoisat akateemiset auktoriteetit -- ihmistieteilijät, uskontotieteilijät, filosofit -- äkkiä tajuaisivat miten täydellisesti -- lajityypillisesti, olemuksellisesti -- sosiaalinen olento ihminen on? Että kaikki mikä ihmisen tajunnassa ja tietoisuudessa vaikuttaa ja määrää, on "valtaa" -- ei esimerkiksi "opillista" tietoa? Että esimerkiksi hypnoosi-ilmiö on jotain paljon perustavammanlaatuista kuin minkään "uskonnon" pyhän kirjan kaikki kirjoitukset? Että regressoivilla menetelmillä yhä vieläkin voidaan ihminen palauttaa kollektiiviminuuden ja - tahdon taantuneeseen tajunnantilaan, jossa kaikkea sitä mitä nimitämme "tiedoksi" voidaan mielin määrin manipuloida vaikka täydelliseen mielettömyyteen asti? (Todellakin: hypnotisoidulle voidaan antaa suggestio esimerkiksi siitä ettei hän muista lukua "viisi". Tämän jälkeen hän voi laskea mitä tahansa tavaraa, ja jos lukumäärä ylittää viisi, hänen tajunnassaan on tuossa kohden aukko ja hän jättää tuon luvun väliin. Esimerkiksi omat sormensa hän laskee yhdestä yhteentoista, ja vaikka hän hämmästyy lopputulosta, hän ei pysty korjaamaan sitä vaikka laskisi uudelleen ja uudelleen.)

90

Mitä maailman auktorisoiduille asiantuntijoille tapahtuisi, jos he oikeasti ymmärtäisivät, ettei hypnoosi ole mikään kummallinen kuriositeetti-ilmiö, vaan perustavanlaatuinen ja koko ajan toimiva osa heidän omissa aivoissaan? Että ilmiössä pelkistyy se "valta" joka lopulta aivoissamme sanelee viimeisen merkityksen aivan kaikelle -- myös kaikelle sille mitä pidämme "perusteltuna" ja "yleisesti todistettuna". Että -- jos toiseen vaakakuppiin pantaisiin alkuperäiset "vallan" alkiot ja toiseen myöhäsyntyiset -- esimerkiksi kartesiolaisen rationaalisuutemme mukaiset -- "tiedon" alkiot, ja sanottaisiin karkea totuus, niin heidän hallussaan oleva "tieto" ei olisi yhtään pätevämpää kuin hypnoosiin vaivutetun tajunnan tieto? -- Eikä mikään, toistan: ei mikään mikään mikään muuttaisi tätä "vallan" ja "tiedon" marssijärjestystä, joka on aivojemme rakenteisiin ja kognitiivisiin kerroksiin miljoonien vuosien evoluutiohistoriassa sementoitu. Vaikka kirjoitettaisiin miljoona kirjaa, luettaisiin ne miljoona kertaa, tentittäisiin niistä joka rivi ja tohtoroiduttaisiin kaikilla mahdollisilla tiedonaloilla -- silti kaikessa olisi aina kysymys ensisijassa "vallasta" ja vasta ja vain "vallan" sanelemilla ehdoilla "tiedosta".

52.

Ymmärryksen noituvista yleiskäsitteistämme on tietysti ehdottomasti tuhoisin "raha", johon olemuksellisesti kuuluva, pohjimmiltaan uskonnollislaatuinen kaikkivoipaisuuskuvitelma tekee talousajattelusta tosiasiassa taloususkontoa. Mutta myös "uskonnot" ylimalkaan ovat jotain jotka ovat olemassa vain koska nimeämme ne. Teologia on aina ollut puhdasta käsitereaalismia, ja niin on myös "vertaileva uskontotiede". Alkumaagiset "vallan" alkiot voivat saada historiallisesti erilaisia "tiedollis-opillisia" institutionaalisia ilmiasuja ja kulisseja, ja koska emme ymmärrä että ne kaikki ovat toisiinsa rinnastettavia vain yleiskäsitteellisten pintojen tasolla, emme ymmärrä miten niitä auktorisoiva "valta" voi olla erilaatuista, ja miten tuhoavia "uskonnot" voivat olla toisilleen.

Yleiskäsitteemme todellakin noituvat ymmärryksemme. Siitä, että "kaikilla on ihmisarvo", ei mitenkään seuraa se, että kaikki "kulttuurit" sopeutuisivat keskenään. Päinvastoin -- ne voivat vain repiä toistensa kognitiiviset ominaisuudet riekaleiksi, aiheuttaa jatkuvasti vahvistuvia kulttuurisia hylkimisreaktioita, hajottaa yhteisöt sosiaalisesti ja romauttaa moraalin anomiseen tilaan. Se kaikki tapahtuu yhteisöissä, eikä yksilöiden ominaisuuksilla ja pyrkimyksillä voida vaikuttaa asioihin.

53.

En voi olla päivä päivältä yhä enemmän ihmettelemättä sitä miten sokeita me eurooppalaisen kulttuurin ihmiset olemme näkemään yhteisövoimien, yhteisöominaisuuksien ja yhteisöilmiöiden ensisijaista roolia kaikessa mitä todellisuudessa tapahtuu. Individualismimme on kasvanut aivan totaalisen sokeuden asteelle, ja kaikki käsitteet joilla käymme yhteiskunnallista keskustelua ovat lähtökohtaisesti harhaisia -- ne kuvaavat vain yksilöitä, yksilöiden ominaisuuksia ja pyrkimyksiä.

Ja yleiskäsitteet, jotka koemme paljonpuhuvina, ajatteluamme kokoavina ja kiinteyttävinä "yleiskatsauksellisuuden" työvälineinä, todellisuuden hallintavälineinä -- nepä vasta noituvatkin ymmärryksemme. Käymme esimerkiksi "maahanmuuttokeskustelua". Mutta se mitä tapahtuu todella on kansainvaellus, toistan: kansainvaellus, jossa Eurooppaa vaeltaa nyt miljoonamäärin, pian kymmeniä ja lopulta satoja miljoonia ei-eurooppalaista kulttuuria mukanaan tuovaa ihmistä.

Ja "kulttuurit"ovat jotain aivan muuta kuin mielikuvamme erilaisista yksilöistä, jotka omaavat erilaiset tavat ja uskonnon, pukeutuvat erilailla ja omaavat toisenlaiset makutottumukset. Oikeasti "kulttuurit" toteutuvat yhteisövoimina, yhteisöominaisuuksina ja yhteisöilmiöinä -- ne ovat historiallisia jatkumoita, yliyksilöllisiä vallan ja "ajattelun" instituutioita, kovia kognitiivisia tosiasioita, jotka palautuvat hamassa muinaisuudessa tehtyihin primitiivisiin perusvalintoihin. Eikä noita perusratkaisuja tehnyt yksikään yksilö, vaan ne tehtiin joukkotodellisuudessa jossa yksikään yksilö ei vielä ollut eriytynyt yksilöksi. Olemme sokeita sosiologisille voimille ja tosiasioille. Emme keskustele sosiaalipsykologian perusteista. Stanley Milgramin kokeen viesti on laajoilta joukoilta omaksumatta. Sanomalehdet ja televisio tyrkyttävät kasvokuvia uutisina. "Maahanmuuttokeskustelu" on jo lähtökohtaisesti aivan väärä käsitteistys, ja sitä käydään joko yleistämällä yksilöitä tai kieltämällä raivokkaasti kaikki yleistäminen. Kukaan ei kysy, miten siitä, että kaikilla on "ihmisarvo", muka seuraa se, että kaikki "kulttuurit" sopeutuisivat keskenään. Nehän eivät sopeudu -- itse asiassa oma eurooppalaisen uuden ajan ajatteluperinteemme on niin erityinen ja niin ohuiden "tiedollisten" kognitiivisten lankojen varaan ripustettu, ettei se kestä minkään massamittaisen vieraan joukkotekijän läsnäoloa. Ei vaikka kansainvaelluksessa kysymys ei olisikaan nimenomaan eurooppalaiselle perinteelle dynaamisesti täysin vastakkaisten, kaiken "kaikkialliseen valtaan" palauttavien ja ryhmävahvistautumisen varassa historiallista jatkumoaan ylläpitävien kulttuurien tunkeutumisesta.

93

54.

Sosiologian durkheimilaiset perusasetukset ovat oikeastaan ainoat validit ja legitiimit lähtökohdat kaikelle yhteiskunnalliselle keskustelulle. Nuo perustavanlaatuiset totuudet on nopeasti lueteltu. Ensinnäkin: yhteisövoimat, yhteisöominaisuudet ja yhteisöilmiöt ovat ensisijaisia, kaikki muu mikä ilmenee tajunnassamme on korkeintaan heijastusta niistä. Nykyinen yleiskäsitteellinen käsiterealismi ei ole edes heijastusta, se on omaan kuplaansa sulkeutunutta valtamagiaa. Toiseksi: aluksi kaikki sosiaalisista instituutioista maailman kuvaamiseen ja hallintaan laajentunut ajattelu oli laadultaan uskonnollista -- "yleiskäsitteet" olivat ihmisen ensimmäisiä "jumaluuksia". Yhä edelleen kaikessa yleistävässä hahmon- ja käsitteenmuodostuksessa on mukana alkuperäistä kaikkiallista magiaa -- myös korkeasti abstraktisessa formaalisessa ajattelussa, jota pidämme kaikkein kehittyneimpänä ajatuslaatunamme. Kolmanneksi: alkuyhteisöissä vallinneen vahvan sosiaalisen sidonnaisuuden jäänteenä kehittymättömissä yhteiskunnissa vallitsee vieläkin normipaineeseen perustuva moraali, joka on olemuksellisesti "mekaanista" -- eli edustaa "kaikkiallista" valtaa ja voimaa, toimii armottoman koneiston tavoin sallimatta joustoa, harkintaa, tulkintaa tai yksilöllisiä eroja -- ja jonka (epä)yksilöt ovat sisäistäneet kunnian- ja häpeäntuntoina. Sen sijaan yhteiskunnat joissa yksilöllistä eriytymistä on edistetty omaavat "orgaanisen" omantunnonetiikan, jossa samoja tekoja arvioidaan eri tilanteissa sen mukaan loukkaavatko ne yksilöiden oikeuksia ja vapauksia.

Durkheimilaisittain ottaen kaikki ajattelu on alkuasteellaan "tunnustuksellista" -- eli "totuudella" on sosiaalinen oikeutus ja vahvistus. Alkuperäisestä sosiaalisen vallan "kaikkiallisuudesta" johtuu että kaikki "totuus" on kautta aikojen ollut olemuksellisesti "kaikkiallista". Kun alkuperäisen ajattelun laatu oli "uskonnollista", on ymmärrettävää, miten vahva rooli uskonnoilla on aina ollut kaiken "totuuden" omistajana. Syvästi uskonnollislaatuisen ajattelun aikakausina, jollainen oli esimerkiksi tuhat vuotta jatkunut eurooppalainen keskiaika, vailla "minuutta" eräänlaisessa depersonalisaation unessa eläneet ihmiset aistivat Jumalan kaikkivallan kaikkialla. Keskiajan ihminen koki maailman ympärillään muodostuvan "Jumalan tahdosta". "Vallan kaikkiallisuuden" kauhistuttavuus kaikessa persoonattomassa julmuudessaan tulee hyvin esille inkvisition noitaoikeudenkäynneissä joissa niin tutkijat, tuomarit, suuri rahvas kuin syytetty ja tuomittu itse saattoivat itkeä kovaa kohtaloa -- mutta kukaan ei mahtanut "totuudelle" mitään -- tuomio oli pakko panna toimeen. -- Me uuden ajan järjen käyttäjät miellämme nämä asiat väärin, kun kuvittelemme että "tiedolla" olisi voinut olla jokin asioihin vaikuttava rooli. Itse asiassa esimerkiksi Galilein oikeudenkäynnissä eivät olleet vastakkain "väärä" ja "oikea" tieto, vaan paljon perustavammanlaatuisempi tajunnallinen jako "kaikkiallisen vallan" (joka luontevasti sementoitui ptolemaiolaisessa maakeskeisessä maailmankuvassa) ja tämän auktorisoidun todellisuuskokemuksen loukkaamisesta.

Durkheimilainen yhteisölähtöinen selitysperspektiivi tarvittaisiin myös sen islamistisen terrorismin kuvaamiseen ja selittämiseen mikä on nyt kasvavien kansainvaelluksien mukana levittäytymässä vanhoihin eurooppalaisiin valtioihin. Terroriteoissa on kyse toimimisesta "kaikkiallisen vallan" ehdoilla, jumalallisten voimien sanelun mukaan. Aivan vastaavalla tavalla kuin eurooppalaisella keskiajalla noidan tuomitsemista ja maagisen "pahuuden" tuhoamista rovion puhdistavalla tulella ei kukaan voinut estää, samoin on terroristi tosiasiassa itse voimaton estämään veritekojaan. Hän toimii taantuneessa tajunnantilassa "kaikkiallisen vallan" -- jumalan tahdon -- toteuttajana. -- On mahdollista kuvata tätä tajunnantilaa ja käyttäytymistä primitiivisiä mielenliikkeitä jäljittäen, esimerkiksi "uhriajattelun" ja "kuolemankultin" psykologialla. Mutta kun eurooppalainen ihmistieteilijä käyttää parasta järkeään ja yrittää selittää terrorismin hänelle itselleen ominaisen päämäärärationalismin raameissa -- siinä ei tietenkään ole mitään järkeä, koska terroriteot ovat kotoisin aivan erilaatuisen valtamagian maailmasta. Sellaisen "tiedollisen" ajattelumme kaikkein täydellisimpiä häränpyllyjä esittävät kuitenkin ihmisarvo- ja -oikeusideologit, poliittiset pukarit ja journalistit, joilla ei ole edes yritystä ymmärtää mitään syvemmin, vaan mielessään pelkästään poliittinen julistuksensa ja yritys tehdä itseensä ja yleisöönsä efektiivinen vakuuttava vaikutus.

Durkheimilaisen sosiologian pohjalta voidaan muotoilla yksi pätevä kaikkea "tunnustuksellista" ajattelua -- monia ellei kaikkia uskontoja ja jokseenkin kaikkea opillista ja ideologista ajattelua -- koskeva sääntö. Se on kaikessa yksinkertaisuudessaan: mitä tunnustuksellisempaa on yhteisön ajattelu, sitä pienemmät poikkeamat se kokee paniikkireaktiot laukaisevana uhkana. Ihmisen syvä lajityypillinen sosiaalisuus on tällaisen reaktiivisen taipumuksen takana -- ja heräävä aggressio on juurikin sosiaalisesti sitovaa ja taannuttavaa pahanlaatuista lajinsisäistä aggressiota, jota emme missään evoluution vaiheessa vielä ole oppineet hallitsemaan.

Durkheimilaisen sosiologian ymmärtäminen edellyttää että inhimillistä kehitysperspektiiviä pystytään katselemaan siitä suunnasta jossa yksilölliseen eriytymiseen päätyvää kehitystä on jo tapahtunut. Kehitys on niin sanoakseni yksisuuntainen perspektiivi. Lapsi ei voi ymmärtää mitä on olla aikuinen, mutta aikuisen pitäisi pystyä ymmärtämään mitä on olla lapsi. -- Tällaiset ihmisen ymmärtämisen edellytykset saattavat kuitenkin eurooppalaisessa sivistyspiirissämme olla jo vähenemään päin. Yleiskäsitteisiin ja käsiterealistisiin opillisiin ja ideologisiin "totuuksiin" hakeutuva "ajattelumme" yrittää pätevöityä pelkästään korrespondenttisen todellisuusvasteen "todisteilla", mutta ihmistieteissähän ne eivät edes auta saati sitten syrjäytä ymmärrystä. Kuten sanottu, ihmistä voi vain ymmärtää.

Kuten Freudin pioneerityöstä löytyi kova kestävä "ydin" jonka ympärille syvyyspsykologinen koulukunta saattoi syntyä ja perinne kehittyä, samoin voitaisiin ajatella Durkheimin, sosiologian isän, uraauurtavaa analyysia australialaisten alkuasukasheimojen "totemismista" kokonaisen uuden ihmiskuvan perustana. "Uskontoelämän alkeismuodot" eivät koske vain uskontojen ominaisuuksia, vaan sitä yleisinhimillistä prosessia, jossa tajuntaamme hahmottuivat ajattelun peruskategoriat, eli esimerkiksi voiman, ajan ja avaruuden, syyn ja seurauksen, luokan ja hierarkian käsitteet.

Durkheimilainen sosiologia ei ole vain sitä että ymmärretään yhteisöllisen tekijän ensisijaisuus -- että on olemassa yhteisövoimia, yhteisöominaisuuksia ja yhteisöilmiöitä, jotka eivät ole palautettavissa yksilöiden ominaisuuksiin ja pyrkimyksiin, vaan, kuten Freudin kohdalla, meidän olisi kovan durkheimilaisen ytimen pohjalta konstruoitava läpihistoriallisia käsitteitä ja tietynlainen röntgenkatse, joka historiallisessa syvyyssuunnassa paljastaisi institutionaalisia sosiaalisia vakioita ja jatkumoita. Nythän oma vahva taipumuksemme "opilliseen" käsiterealismiin sokaisee silmämme täydellisesti, ja koemme todellakin kyhäilemämme erilaiset poliittiset tai muut puoliksi aatteelliset, puoliksi tiedolliset "ismit" yhtä "todellisina" kuin totemistista totuuttaan tunnustavat alkuasukkaat kokivat omat, nimeämällä suljetut "samuuden" piirinsä.

Parina viime vuosisatana on eurooppalaisessa kulttuuripiirissä ilmestynyt miljoonia kirjoja, joissa on jonkin tunnustuksellisuuden mukaisin poliittis-ideologisin käsittein pantu maailmaa paikoilleen. Vahvojen aatteellisten ajatusinstituutioiden ketju, joka 1800-luvulla tuotti "suuria kertomuksia", on sittemmin pirstoutunut -- kaikki tiedollinen ajattelu on pirstoutunut -- mutta yksilöitä riivaava tunnustuksellisen identifioitumisen tarve on vain vastaavasti vahvistunut. Nykyisin yksilöt kokevat voimaantumista ja saavat vahvistusta jo mainoslauseista tai merkkivaatteistakin. --

On kuitenkin yhä mahdollista nostaa kipuileva yksilö psykoanalyyttiseen tarkasteluun ja auttaa häntä ymmärtämään omaa henkilöhistoriaansa. Vastaavalla tavalla pitäisi yhteiskunta-analyytikoiden nyt syvää yhteisötekijöitä jäljittävää röntgenkatsetta käyttäen paljastaa aatteellis-ideologisten oppien historialliset jatkumot -- niin että vähänkin yleistä ymmärrystä omaavat kriittiset ihmiset saisivat otteen niistä tajunnallisista alkioista jotka heidän omaksumassaan "totuudessa" vaikuttavat. Poliittiset ideologiat jos mikä ovat yleiskäsitteellisten merkityslaajentumien valtamagiaa. Yhä vieläkin poliitikot saavat valtansa puhumalla kannattajilleen suggeroivasti -- kukaan valtapoliitikko ei ole noussut korkeaan asemaan pelkästään kirjoittamalla kirjoja. Opillisten ideologioiden -- siis ymmärrystä noituviin yleiskäsitteellistyksiin perustuvien verbalisaatioiden -- laatijat ovat kokonaan toinen joukko kuin retoriikan mestarit, poliittiset hypnotöörit. Kirjoittajat ovat intellektuelleja, ja he ottavat omat tekstinsä tosissaan -- päinvastoin kuin politiikan ammattilaiset, joita motivoi keinoja kaihtamaton mielipidemanipulointi ja vastustajan murskaaminen. On tavallaan traagista, että älyköiden käsitteelliset argumentaatiot päätyvät puoluepoliittisten pukareiden iskulauseiksi ja lopulta journalististen propagandatuuttien "asiantuntija-aineistoksi"-- mutta juuri siinä näyttäytyy millainen tehtävä "järjelle" on nykymaailmassakin varattu. Traagisempaa on, että kaikkina aikoina "järki" on tyytynyt toimimaan "vallan" voiteluaineena.

Aikamme akateeminen, näennäistä käsitteellistä järkeä tyrkyttävä, yleiskäsitteitä toisillaan määrittelevä ja ideologisia avaintermejä yli aikojen ja ajattelulaatujen suruttomasti yhdistelevä yhteiskunnallinen "keskustelu" ei tajua omaa taantunutta tilaansa. Sivistynyt väki osaa kantaa huolta vain rahvaan karkeakielisyydestä nettipalstoilla ja "populistien" menestyksestä vaaliväittelyissä.

56.

Ihmisen lajityypillinen olemuksellinen sosiaalisuus tarkoittaa sitä, että alussa aivan kaikki siitä minkä nyt noteeraamme ihmis-yksilössä ihmisyytenä syntyi ja lähti liikkeelle yhteisössä. -- Näin syntyivät kaikki perustavanlaatuiset maailmanhahmot, kaikki "minän" ja "tiedon" alkiot. Alussa kaikki oli symbioottista, "kaikkiallista", puhdasta "valtaa", ja vasta kehityksen myötä syntyi se mikä eriyttää yksilön sosiaaliyhteyden yksiköksi, "vallan" eri roolien, lokatiivisten asemointien ja lokeroiden täyttäjäksi, kehityshistoriallisen jatkumon erikoistuneiksi rakenneosiksi. Näin kaikkiallinen "valta" sai rinnalleen yksilöllisen "tahdon". Sosiaalinen valta toi mukanaan "tiedollisen" vallan ja hallinnan. Primitiivisessä "kaikkiallisen vallan" maailmassa hahmottuvat "yksityisen tahdon" alkiot omaavat sekä "vallan" että "tahdon" ominaisuudet. Esimerkiksi tietyt lokatiivisesti vastakohtaiset psyykkiset tilat jakavat nimenomaan "vallan" ja "tahdon" rinta-malinjoja. Kun "vallan" tajunnallinen sisäistyminen ja "tahdon" tiedollinen ilmeneminen ajautuvat tietoisuudessa ristiriitaan, syntyy mielensisäinen kaupankäyntitilanne. Esimerkiksi primitiivi-nen "uhriajattelu" on tällainen "yleisen toiseuden" maaperällä käytävä sosiopsykologisten voimien liiketoimi. Tyypillisesti käydään kauppaa "Luonnon" -- jolla voi olla monenkin jumalan nimi -- ja omien toiveiden välillä. "Uhraaminen" on rahaa joka Luonnolle maksetaan jotta se antaisi sitä mitä siltä toivotaan. Luonnolla -- jumalilla -- on "kaikkiallinen" valta jota lahjotaan uhri-lahjoilla jotta "valta" antaisi tietoiselle yksityiselle "tahdolle" sen mitä yksityinen tarvitsee.

Uhriajattelu on "kaikkiallisen" vallan ja tietoisuuteemme hah-mottuvan yksityisen "tahdon" kaikkein alkuperäisimpiä mekanis-meja. Sen konstituoivaa roolia ja jatkuvuutta kuvaa se että vielä pitkällekin eriytynyt yksityinen "tahto" operoi jatkuvasti tajun-nallisen pakotteen ja tietoisen pyrkimyksen rajavyöhykkeellä. "Uhriutuminen" on edelleenkin sosiaalipsykologista pääomaa jolla roolimallit toteutetaan. Ihminen voi vahvistaa uhrin roolia itsessään maksaakseen sillä toteutumattoman toiveensa tai sala-tun mielihalunsa. Näin on tulkittava myös freudilainen kytkentä masokismin ja sadismin välillä. Ne elävät siis nimenomaan sa-massa tajunnallisessa tilassa, samassa yksilössä, joka omaksuu jommankumman roolin ilmiasukseen. Seuraava voima, joka tähän kuvioon tunkeutuu mukaan, on perustavanlaatuinen moraali, jossa symbioottista kaikkiallisuutta edustava "uhri" edustaa "hyvää" ja sadisti, jonka kohteeksi "uhri" joutuu, edustaa "pahaa".

Ne jotka tuntevat voimaantumista uhriroolistaan kehittävät siis mielikuvamaailmaansa automaattisesti jonkin pahuutta edustavan hahmon, jonka heijastavat sitten projektiivisesti todellisuuteen. Freud törmäsi masokisteihin ja sadisteihin ja käsitteli näitä sukupuolisina poikkeamina. Luulen, että tämä kertoo lähinnä siitä miten syvälle sijoittuvat kaikki tajuntamme perustavanlaatuiset, tiedollisen itseidentiteetin syntymistä edeltävät ja määräävät hahmot. Meissä kaikissa on kaikkiallisen vallan "uhri" ja tiedollisen vallan "auktoriteetti". Ne eivät suinkaan jää sille mielen primitiiviselle tasolle, jonka päälle lajin ja yksilön kehitys emergoi kontrolloivia, kumuloivia ja akkommodatiivisia kehityskerroksia. Käymme kauppaa myös etsiessämme empirismin keinoin korrespondenttisen totuudellisuuden mukaista todellisuusvastetta tutkiessamme tieteellisesti "Luontoa".

On myös niin, että ne jotka voimaantuvat uhriroolista, tuntevat luonnostaan sympatiaa niiden kanssa jotka omaavat tietyltä osalta saman sielunrakenteen. Siinä, että länsimaiset feministinaiset tuntevat valtavaa seksuaalista vetoa raakoihin jihadistinuorukaisiin, joille niinikään on ominaista raivokas uhrirooli ja sen "oikeutettu" kompensoiminen "vääräuskoisia" vastaan suunnatuilla verisillä terroriteoilla, ei ole mitään ihmeellistä tai ristiriitaista. Juuri niin ihmissielun pohjimmaiset jaot roolejamme sanelevat.

Primitiivisessä tajunnallisessa tilassa tapahtuva sosiaalisten rakenteiden ja lokeroiden kypsyminen sisäistetyiksi rooleiksi on ainoa selitysalusta, jolla esimerkiksi terroristien kuolemankultti tulee ymmärrettäväksi. Muuten tällaisia taantuneita tajunnantiloja on omassa ajassamme aikalailla mahdotonta hahmottaa -- elämme nyt länsimaailmassa keskellä ylihistoriallisten, ylikulttuuristen, ylikansallisten ja yliyhteisöllisten yleiskäsitteiden varassa konstruoituja ismi-identiteettejä, jotka estävät meitä näkemästä sosiaalisen roolinmuodostuksen pohjamutiin saakka. --

Esimerkiksi Slavoj Zizek epäonnistuu käsitellessään kuolemankulttia sen verisen kirjeen pohjalta, jonka muslimiterroristi Mohammad Bouyeri jätti tikarilla pistettynä tappamansa hollantilaisen elokuvaohjaaja Theo van Goghin rintaan. Zizek, vaikka on psykoanalyytikko, sortuu opillisiin todisteluihin ja vertailuihin -- mutta mikään totuus tällaisista tapahtumista ei ole opillinen. Vain tapahtumien palauttaminen sosiopsyykkisen taantuman kaikkein primitiivisimpien tajunnallisten alkioiden ja roolien piiriin voi tehdä terrorismiin kuuluvan kuolemankultin ymmärrettäväksi.

Kun kaikkiallisen vallan maailmassa "uhrin" ja "oikeuden-jakajan" roolit voivat saman ihmisen päässä naksahtaa yhteen ja vahvistaa toisiaan, silloin huudetaan kaikkiallista valtaa ("Allahu akbar!"), ja niin itsemurhaterroristi on syntynyt.

57.

Suomessa tehdyn ensimmäisen varsinaisen islam-taustaisen terroriteon, Turun kaupungin torilla ja keskustassa puukkonsa kanssa riehuneen Abderrahman Bouananen oikeudenkäynti pidettiin Turun vankilassa jokseenkin päivälleen yhdeksän kuukautta tekojen jälkeen, ja puolustusasianajaja oli vastentahtoisen asiakkaansa hyväksi yrittänyt vedota mm. siihen, ettei kyseessä voi olla terrorismi, koska puuttuu terrorismille ominainen päämäärä, yleisen kauhun kylväminen.

Eli oikeudenkäynnissä näyttäytyy erinomaisen hyvin, miten täydellisen ymmärtämättömiä terrorismin yleistenkin piirteiden määrittelemisessä ollaan. Juristeristit voivat saivarrella sillä ettei päämäärärationalistisessa tulkinnassa ole todistettavissa yritystä yleisen pelon lietsomiseksi. Tämä seikka siis puolustuksen mukaan merkitsee sitä ettei kyseessä ole terroriteko vaan pari tappoa ja tapon yrityksiä.

Miten kaukana ollaan ja miten paljon kauemmas koko ajan mennään terrorismi-ilmiön sosiologisesta ymmärtämisestä, jos lähtökohtaisesti jätetään sosiaalinen sitovuus ja tunnustuksellinen ajattelu pois tekojen kuvauksista ja selityksistä? Terrorismi on nimenomaan tietyn tunnustuksellisen ajattelun sosiaalinen vakio -- tekojen tarkoitus on lievittää koettua normipainetta ja todistaa tunnustuksellisuus niin itselle kuin muille. Eurooppalaisella uudella ajalla kehittyneen päämäärärationalismin kanssa terrorismilla ei ole mitään tekemistä.

Nämä teot -- joita vuorenvarmasti tulemme näkemään lisää -- tarvitsisivat antropologisen ja sosiologisen kuvauksen ja selityksen. Teokratiaa ei voi kuvata eikä selittää demokratian termein. "Oikeudenkäynti" on naurettava todistus oman juristeriamme ja moraaliajattelumme totaalisesta harhaisuudesta. Kaikki lähtökohtaiset käsitteemme ovat vääriä, eikä välineellisellä järjellä ole mitään pätevyyttä kun yritetään ymmärtää "epäjärkevää" käyttäytymistä. Todistelemme vain omia harhojamme itsellemme.

Se on myös pienoiskuva ja indikaattori siitä miten kaukana olemme sellaisesta yhteiskuntailmiöiden ymmärtämisestä joka antaisi meille tarvittavat ajatusaseet kansainvaelluksen ja eriperusteisten kulttuurien kohtaamisen hallitsemiseen. Kun emme näe sitä miten kovia kognitiivisia tosiasioita kulttuurit perustavanlaatuisine tajunnallisine alkioineen niin moraalin kuin tiedon suhteen ovat, meiltä puuttuu sekä todellisuudentaju että vahva motiivi -- ja ylimalkaan kaikki edellytykset -- torjua massamittaiset kansainvaellukset. -- Kun kokonainen aikalaisajattelu on pahasti harhassa, "asiantuntijat" ovat pahimmin harhassa, ja viisaimpia meistä saattavat olla ne, jotka ovat kokonaan jääneet "sivistyksemme" ulkopuolelle. --

58.

Toisen maailmansodan trauma vaikuttaa edelleenkin eurooppalaisten ihmisten tajunnassa, ja tajunnalliset jatkumot myrkyttivät eurooppalaisen mielen, tietenkin erityisesti saksalaisten mielen. On aivan harhaista kuvitella, että sodanjälkeinen "ei koskaan enää" -trauma olisi tajunnallisten instituutioiden tasolla muuttanut mitään. Idealismi jatkuu idealismina koska sitä kuljettaa historian vaunu. Tämän päivän kaikki ihmisarvo- ja ihmisoikeusidealismi rakentuu täsmälleen samojen tajunnallisten alkioiden varaan kuin mihin perustuivat natsitotalitarismin projektiivisimmat mustasukkaiset tuhoamistarpeet. Historialliset jatkumot palautuvat kulttuurisille raiteille, ja suuret kulttuurit -- kuten oma uuden ajan eurooppalaisuutemme -- kulkevat tosikovilla raiteilla.

Kulttuurit ovat kovia kognitiivisia tosiasioita. Voimme "ihmisarvo- ja -oikeusideologioiden" nimissä toteuttaa keskuudessamme täsmälleen yhtä tuhoamistarpeisen ja tuhoavan -- vähintäänkin yhtä älyllisesti amputoivan ja kulttuuriset kognitiiviset kykymme tuhoavan -- totalitarismin johon kansatieteellisen rotuteorian ja militaari-ihannoinnin merkeissä sorruttiin kolmekymmenluvun Saksassa.

Opetus, jota emme tarpeeksi laajassa mitassa pysty omaksumaan on, että vain tajunnalliset alkiot ja niiden jatkumot merkitsevät. Kaikki käsitteellinen ja erityisesti opillinen on vain pintaa, ilmiasua, metaforaa. Kartesiolaisesti kahtiajakautunut käsitteellinen äly pettää meidät -- luonnontieteellisen tiedon ja todellisuudenhallinnan lisääntyminen ei ratkaise yhteiskunnallisen kehityksen ongelmia. Meidän pitäisi esimerkiksi olla suunnattoman huolissamme tavasta jolla tiedolliset, opilliset ja ideologiset ismit pirstovat tajuntaamme ja saavat sulaessaan symbioottiseksi suuruudenhulluudeksi aikaan totuudellisuuden ja hallinnan harhaisia kokemuksia. Mutta ainoa mihin pystymme on ideologista painetta purkava ideologis-tunnustuksellinen julistus.

59.

Absoluuttisten totuuksien -- absoluuttisten arvojen -- maailmassa kaikki keinot ovat sallittuja, koska keinot edustavat vain suhteellista totuutta.

Absoluuttinen totuus on yhtä kuin absoluuttiset arvot. Kummatkin elävät kaikkiallisesti. Kumpikin muodostuu enemmän vallan kuin tiedon alkioista.

Absolutismi on yksilöllisen eriytymisen vastakohta. Kaikki "tiedollinen" muodostuu irtiottona kaikkiallisuudesta. Tieto muodostuu samanlaatuisista tajunnallisista alkioista kuin yksilö.

Absoluuttinen kaikkiallisuus on kuitenkin konstituoiva pohja kaikelle tiedolle ja yksilölliselle eriytymiselle. Ratkaiseva kysymys on kysymys sosiaalidynamiikan -- tai psyykendynamiikan -- suunnasta.

Absoluuttiseen palaaminen on erisuuntainen ajatusliike kuin absoluuttiseen palauttaminen. Palaaminen kaikkiallisuuteen on taantuma, jossa "minän" raamit liukenevat kollektiivivoimiin. Sensijaan palauttaminen on mitä (itse)tietoisin kytkentä "tiedon" ja tiedollisten premissien välillä. Siinä missä palaaminen tarkoittaa symbioosia, kaikkivaltaa, kaiken välineellisen järjen -- ei vain metodien ja päämäärärationalismia palvelevien keinojen -- muuttumista suhteellisiksi, siinä palauttaminen taas tarkoittaa palaamisen vastakohtaa, nimenomaan irtiottoa kaikkiallisuudesta jossa mitkä tahansa keinot ovat sallittuja. Absoluuttinen ja tiedollinen eivät ilmene -- eivät voi elää -- samassa maailmassa. Paluu absolutismiin on kaiken tiedollisen vastakohta. Eurooppalaisella uudella ajalla tieto on ollut valtaa. Tieto ymmärretään väärin, jos valta annetaan niille jotka huutavat jumalansa kaikkiallisuutta. Individualistinen sokeus on sitä ettei symbioottisen paluun ja tiedollisen palauttamisen eroa ymmärretä. Valtaa ei saa antaa absolutismille. Se pitää estää kaikin keinoin. Sitä ei saa tehdä edes vääriin keinoihin liittyvien pelkojen vuoksi.

60.

Ihmisoikeuksien julistuksen mukainen "uskonnonvapaus" ei tietenkään voi toteutua niin että jokaiselle "uskonnolle" ominainen "ylimmän pyhän arvon" lähtökohta hyväksyttäisiin.

"Uskonnonvapaus" voi toteutua vain jos kaikki -- siis todellakin kaikki -- "uskonnot" asetetaan niiden "yläpuolelta" keskenään "samanarvoisiksi". -- Ja tämä merkitsee siis että jokaisen -- todellakin siis jokaisen -- "uskonnon" pyhyys alennetaan ja alistetaan kaikkia uskontoja suuremmalle yhteiselle periaatteelle.

Koska mikään -- ei siis todellakaan mikään -- "uskonto" ei tunnustuksellisena fundamenttina voi suostua sitä korkeampien "maallisten" periaatteiden rajoituksiin, tosiasiassa kaikki puhe "uskonnonvapaudesta" voi tarkoittaa vain yleistä maallistumiskehitystä. "Uskontojen vapaus" ei siis voi koskaan toteutua "uskontojen" tunnustuksellisia totuuksia kunnioittamalla, vaan täysin päinvastoin -- nostamalla "vapauden" arvot kaikkien uskonnollisten arvojen yläpuolelle.

Mutta kaikki "uskonnot" eivät suinkaan kaikilta osin ole valmiita maallistumiskehitykseen. Tämä on tosiasia, joka olisi noteerattava tosiasiana.

Se merkitsee sitä, että kaikki puheet "uskonnonvapaudesta" olisi alusta alkaen jaettava puheeseen "uskonnosta" ja puheeseen "vapaudesta" ja todettava, etteivät nämä sovi samaan kuvaan.

Uskonnoille olemuksellinen "tunnustuksellisuus" on käytännössä nimenomaan sitä, ettei fundamentalistisen uskovan psyykessä esiinny mitään mikä menisi "uskonnon" yläpuolelle. Voidaan kysyä, onko tuollainen fundamenttiominaisuus uskontojen olemassaolon yleinen edellytys -- eli olisiko maailmassa uskontoja ellei juuri tuollainen "ajattelun alkeismuoto" saisi niissä ilmaustaan? -- Tämä kysymys asettuu siis "uskontojen emergenttisen synnyn" yhteyteen, eikä se ratkea, eikä sillä ole edes merkitystä, kun pohditaan uskonnollisuuden maallistuneempia asteita. --

Mitä ilmeisimmin juuri durkheimilaiset "uskontoelämän alkeismuodot" ovat kaiken inhimillisen ajattelun "tajunnallisia alkioita", ja tällaisten "tajunnallisten alkioiden" ja durkheimilaisten "sosiaalisten vakioiden" ilmeneminen -- ja tämä termi "ilmeneminen" käsitettynä vieläpä wittgensteinilaisittain -- ("on jotain joka ilmenee...") -- toteuttaa kaikkein alkuperäisimpiä ihmismielen emergenssejä. Nuo ovat olemuksellisesti yhtä ja samaa alkuperäistä tajunnallista kudosta.

Tässä tajunnallisessa alkuykseydessä ilmenee myös ihmisen lajityypillinen sosiaalisuus. On olemassa jotain joka ei palaudu yksiöiden ominaisuuksiin ja pyrkimyksiin -- ei myöskään mihinkään sellaiseen yksilölähtöiseen ajatteluun, jonka käsitteistöt ovat syntyneet yksilökokemuksesta käsin. -- Juuri tällaisista hahmon- ja käsitteenmuodostuksellisista seikoista johtuen olemme niin avuttomia ratkaisemaan ihmisyytemme perimmäisiä ongelmia. Olennaisimmat olemukselliset ominaisuutemme eivät ole käsitteellistettävissä yksilöllisen kokemuksen tasolla.

"Vallan kaikkiallisuus", joka hallitsevana ominaisuutena tulee teokraattisessa järjestelmässä selvästi esille, tarkoittaa juuri sitä että yksilöt ovat mitä suurimmassa määrin kyvyttömiä sekä hahmottamaan että käsitteellistämään niitä tajunnallisia tekijöitä jotka heidän elämäntuntojaan ja käyttäytymistään kuitenkin sataprosenttisesti määräävät. Nämä voimat -- teokraattisen ajattelun tajunnalliset alkiot -- ovat puhtaasti yhteisövoimia, ominaisuudet yhteisöominaisuuksia ja ilmiöt yhteisöilmiöitä -- ja yksilöt ohjautuvat hyvin kokonaisvaltaisten tuntojen, kuten kunnian- ja häpeäntuntojen määräämänä.

Se on kaiken teokratian olennaisin olemuksellinen ominaisuus -- vallan tajunnallisten alkioiden "kaikkiallisuus". On fundamentti, sitova pohja, joka ei salli irtautumista, ja "kaikkiallinen" kattorakenne, jossa kaikki tapahtuu ikään kuin samaan katon, saman sosiaalisen paineen alla. Jokainen "vallan tajunnallinen alkio", jokainen "monadi", on todellakin "ikkunaton" -- eli yksilön on mahdollista nähdä "itsensä" vain heijastumana oman monadinsa sisäpinnalla. Kun mitään "minää" ei pystytä systeemistä irrottamaan, myöskään mitään "toista" ei tässä systeemissä ole.

61.

Douglas Murray esittelee maailmalla bestselleriksi nousseessa teoksessaan "The Strange Death of Europe -- Immigration, Identity, Islam" ne historialliset yhteydet jotka muodostivat ketjun siirtomaavallasta siirtotyövoimaan ja maahanmuuttajalähiöihin, käsitteen "monikulttuurisuus" syntyyn ja sopeutumattomuusongelmiin, ja toisaalta nyt kriisiytyneistä kehitysmaista liikkeelle lähteneeseen ja tulevalla vuosisadalla mahdollisesti satojen miljoonien suuruusluokkaan kasvavaan kansainvaellukseen, jonka kulisseina ovat "pakolaisuus" ja "turvapaikanhaku", mutta joka tosiasiassa on taloudellisesti organisoitua toimintaa niin vaellusten alkupäässä kuin vaellusta "ihmisoikeuskysymyksenä" käsitteellistävässä Euroopan loppupäässä. Mitään harhaisempaa käsitepuitteistusta sille mitä tapahtuu todella ei voisi kuvitella. Eurooppa on todella ajanut itsensä omaan ajatukselliseen ansaansa yrittäessään omien erityisten kognitiivisten resurssiensa varassa käsitellä ja hallita asiaa, jossa ei ole mitään, ei kertakaikkiaan mitään eurooppalaista.

Douglas Murray aloittaa kirjansa viittaamalla Stefan Zweigin omaelämänkerralliseen teokseen "Eilispäivän maailma -- erään eurooppalaisen muistelmia". Käytyään läpi tulevalla vuosisadalla massamittaiseksi muuttuvat ja Euroopan tuhoa tarkoittavat kansainvaellukset Murray palaa jälleen kaunokirjallisuuteen. Aiheenkäsittelyn kaari on kaunis. Aloitetaan siis kulttuurin kultaajasta, viime vuosisadan alkuvuosikymmenistä, saksankielisestä sivistyksestä, kirjallisuudesta, Zweigista. Historiallisesti pohjustetun ja runsaasti kansainvaelluksen kokokuvaa dokumentoivan tekstin kautta palataan takaisin eurooppalaiseen kulttuuriin, intellektualismin ja kirjallisuuden piiriin. Mikäpä sen eurooppalaisempaa. Loppuluvuissa Murray käsittelee vuoden 2015 -- eli ensimmäisen suuren vaellusaallon -- aikaan ilmestynyttä ja kirjallisen intellektualismin yhä läpitunkemassa Ranskassa puhutuimmaksi teokseksi noussutta Michel Houellebecqin romaania "Alistuminen". Suomeksikin tuo Houellebecqin kirja toki käännettiin mutta ohitettiin marginaalisilla maininnoilla. Eniten myymälöitä omistava Suomalainen Kirjakauppa ei ilmeisesti ole pitänyt kirjaa kauppojensa myyntitiskillä. Nettimyynnistä oli saatavilla vain kirjan sähköistä versiota.

Sain kuitenkin ostettua teoksen painetun version nettidivarista. Lukukokemus oli melkoinen. Kohta alun jälkeen vastenmielinen dekadenssi painoi päälle. Kun kirjailijaa en entuudestaan tuntenut, iski epäilys, että olen erehtynyt pahasti. Vastoin järkeä sekin hämää että hän kirjoittaa minä-muodossa ja on oikeastikin alkoholistin näköinen. Pahasti rappiolla, tässä ei ehkä edes tiedetä mitä ylevä on.

Mutta näin kai on tarkoituskin. Rappion kiintopiste siirtyykin kuin huomaamatta henkilöstä hänen taustaansa -- koko akateemiseen maailmaan. Niksnaks, kuviot sosiaalisen ja yksityisen välillä yhtenevät yksi yhteen. Ja kun yhteiskunta ympärillä järisee islamilaisen puolueen äkkiä saamasta poliittisesta vaa'ankieliasemasta, mikään moraalinen tai älyllinen pidäke ei estä päähenkilöä pienen epäilyn jälkeen myymästä sieluaan. Akateeminen maailma tarjoaa loistavat valheet ja kiertoilmaisut joilla alistuminen muuttuu humanismiksi. Eurooppa on voimaton taistelemaan järjettömyyttä vastaan. Yksilön on paitsi helpointa myös viisainta vain antaa asioiden tapahtua.

Luulen, että Murray on raporttiinsa ottanut nimen Houellebecqilta. Eurooppa on todella tekemässä outoa itsemurhaa. Murray viittaa monissa kirjansa kohdissa siihen, että jos Eurooppa edelleen olisi voimissaan, mitään kansainvaelluksen kaltaista ilmiötä ei hyväksyttäisi. Ero eurooppalaisen ihmisarvo- ja -oikeusajattelun ja mitään yksilöllisyyttä ymmärtämättömien ja hyväksymättömien kulttuurien välillä hyökkäisi silmille liian räikeänä. -- Mutta Eurooppa on menettänyt valistuksen perinteet, se on rappeutunut ja kaipaa vain nautintoja, eikä mikään ole ideologioihinsa ihastuneen akateemisen kulttuuriväen narsistiselle itserefleksiolle palkitsevampaa kuin seurustelu vieraskulttuuristen ihmisten kanssa. Murrayn ja Houellebecqin sanomaan on helppo samaistua: eurooppalainen dekadenssi ei tajua alistumistaan, ei itsetuhoaan.

62.

Murrayn kirjan pohjalta syntyy kysymyksiä siitä missä kaikessa "maahanmuuttokritiikki", tai niin sanottu "kansallismielisyys", joka nostaa päätään läpi Euroopan, voisivat olla jossakin asiassa vaistomaisesti oikeassa? Yksi tällainen tosiasia olisi, ettei siitä, että kaikilla on "ihmisarvo", mitenkään seuraa se, että kaikki kulttuurit sopeutuisivat toisiinsa. "Ihmisarvo" ja "ihmisoikeudet" on käsitteellistetty nimenomaan yksilöoikeuksina, mutta yksilöt käyttäytyvät joukoissaan eri tavalla kuin yksikään yksilö yksin tekisi. Kulttuurit ovat kovia kognitiivisia tosiasioita, ja kulttuurit voivat myös tuhota toisensa. -- Jos kulttuurit ovat sosiodynaamisesti erisuuntaisia, kuten durkheimilaisittain ottaen esimerkiksi normimoraalin omaavat yhteisöt suhteessa omantunnonetiikkaan suuntautuviin yhteisöihin ovat, törmäyskurssi on väistämätön.

Mitä mahdollisuuksia on yksilöllä, jonka koko "sosiaalisuus" on rakentunut yhteisöllisen normipaineen ja sisäistettyjen kunnian- ja häpeäntuntojen varaan, selviytyä yhteiskunnassa, joka edellyttää yksilöiltä autenttista omantunnonetiikkaa? -- Moraali on nimenomaan yksilöiden sosiaalinen sidosaine, ja seurauksina disintegraatiosta ovat maahanmuuttajien omalakiset asuinalueet.

Puhe "monikulttuurisesta" yhteiskunnasta perustuu kuvitelmaan siitä että "kulttuurit" olisivat vain joukko tapoja ja tottumuksia -- perinteitä, uskomuksia, esineistöä, pukeutumista, ruokia -- siis kaikenlaista riemunkirjavaa rihkamaa -- mutta mitään sellaista "kulttuurit" eivät ole. Kulttuurit ovat erittäin kovia kognitiivisia tosiasioita. Ne ovat ihmisissä syvemmällä kuin mikään muu. Ne eivät ole mitään minkä yksilö milloinkaan olisi voinut "valita" -- ne ovat symbioottisia yhteisövoimia, jotka vaikuttavat jokaisen sielun pohjalla jo paljon ennen kuin yksilöllinen "minä" syntyy.

Käsite "monikulttuurisuus" syntyi Murrayn mukaan taannoin kun siirtotyövoimaa yritettiin sopeuttaa isäntämaan oloihin. Oli käytetty etnisiä nimikkeitä mutta koska sitä ei pidetty korrektina, niiden sijaan alettiin puhua "kulttuureista". Tämän "positiivisen käsitteen" ajateltiin edistävän integraatiota. Kävi päinvastoin. Ikiomat kulttuuri-identiteetit oikeuttivat käpertymisen omaan yhteisöön. "Maahanmuuttokriitikot" voivat olla oikeassa siinä, että kun valittavana on sopeutuminen tai eristäytyminen, vierasperäiset mieluiten eristäytyvät. Seurauksena on ollut, että kaikkialla missä maahantulijoiden määrät ovat kasvaneet suuriksi syntyy segregaatiota, ja niin sanottu "valkoinen pako" on ollut säännönmukainen väistämätön ilmiö. Muunlaista todistusta ei Murrayn mukaan maailmalla ole.

Niinpä maahanmuuttokritiikki saattaa olla oikeilla jäljillä siinä, ettei kulttuurisia rajoja oikeasti voida ylittää. Että kulttuurit ovat omalakisia, eikä välttämättä edes mitään aitoa molemminpuolista pyrkimystä yhteisymmärrykseen synny. Että "kulttuurien kohtaaminen" on vain naurettava farisealainen fraasi, joka todellisuudessa tarkoittaa sitä että jomman kumman kulttuurin olisi suostuttava elämään toisen kognitiivisilla ehdoilla. -- Mutta sellainen on tietysti täyttä mielettömyyttä, inhimillinen mahdottomuus. -- Onko lopulta mitään ihmisyyden syvätasolla vaikuttavaa seikkaa joka ei tekisi täysin ymmärrettäväksi sitä että kansainvaellusten vastareaktiona nousee uudelleen arvoon sellaisia vanhentuneiksi kuviteltuja käsitteitä kuin "kansallistunne" ja "kansallisvaltio". Ne ovat ihmisyyden luonnollisia perusyksikköjä, ja erityisesti eurooppalaisella uudella ajalla syntyneet kansallisvaltiot ja niissä yksilönvapauksien yhteisöprojektiona kehittynyt "edustuksellisuuden" kognitioon perustuva demokratia ovat historiallisesti ainutlaatuisia ja aivan korvaamattomia yhteisöilmiöitä.

Kaikkea mikä liittyy kansainvaelluksiin ja maahanmuuttoon meidän pitäisi pystyä ajattelemaan sosiologian kategoriassa -- yhteisövoimien, yhteisominaisuuksien ja yhteisöilmiöiden raameissa. Vain siten voimme todella ymmärtää millaisista asioista oikeasti on kyse -- ja vasta sen jälkeen kun "näemme maailman oikein" (Wittgenstein) voimme päättää mitä pitäisi tehdä. Mutta sokeuden asteelle kasvanut eurooppalainen individualismimme on vienyt meiltä yhteisötekijöitä käsittävän ymmärryksemme. On jäljellä vain ihanteellisia idealistisia "ismejä" ja identiteettipolitiikkaa. Akateemikot eivät ota vastaan todellisia haasteita vertaistasoltaan -- heille riittää irtisanoutuminen "populismista". -- Eivätkä he edes ymmärrä, että tämä irtisanoutumis- ja ilmiantokulttuuri on nimenomaan totalitarismin tunnusmerkkejä. -- Kansalaiskeskustelua käydään mutasarjassa, jossa loanheitto ruokkii toivottomia kahtiajakoja. Journalisteille houkutus langeta halvan journalismin perussyntiin -- vetää kameran linssin eteen yksilö ja antaa muka "kasvot" sille mitä joukkojen tasolla tapahtuu -- on liian suuri. Institutionalisoitunut tiedonvälitys syyllistyy tähän lähtökohtaiseen totuudenvääristelyyn säännönmukaisesti. Tarjotaan lukijalle tai katsojalle ruudunkokoista kasvokuvaa aivan kuin se olisi laajennettavissa koko todellisuudeksi. Mikään ei ole enemmän väärin tai pahempaa harhaanjohtamista. Yhteisöt ja yksilöt ovat toistensa tekijöitä, mutta lähtökohtaisesti ne ovat eri laatua.

63.

Ihmiselle lajityypillinen kasvu- ja kehitysvaihe, "lapsuus", on suhteessa hänen elinikäänsä aivan poikkeuksellisen pitkä, ja on syytä olettaa, että se koko kulttuurievoluution ajan on tullut jatkuvasti pitemmäksi. Jokaisen sukupolven on ikään kuin täytynyt omaksua ensin kaikki edeltävien polvien saavuttama kehitys -- ja jos kulttuurinen muutos on ollut suurta, uusien sukupolvien kasvuvaihe on lohkaissut aina lisäaikaa aikuisuudesta. Mitä mittavampaa on ollut kulttuurikognitiivinen kehitys, sitä pitemmäksi lapsuus on venynyt. --

Tämä lapsuuden pituutta esittävä kulttuurievolutiivinen kokokuva antaa selityksen myös sille miksi ylipäänsä sen keksiminen, että lapsuus muodostaa erityisen, monessa suhteessa omaehtoisen elämänvaiheen, tapahtui historiallisesti niin myöhään. Lapsia on nimittäin läpi historian pidetty eräänlaisina "pieninä aikuisina", ja jos kasvun rajalinjoja on vedetty, se on tehty lähinnä fyysisin perustein. Vasta noin kahden vuosisadan ajan on lapsuus käsitetty erityiseksi ikäkaudeksi (Neil Postman). -- Se että tämä keksittiin nimenomaan Euroopassa sopii hyvin eurooppalaisen uuden ajan suunnattomasti kasvaneisiin kulttuurisiin emergensseihin. -- Valitettavasti vain olemme nopeasti jälleen menettämässä ymmärryksen tätä kulttuurikognitiomme erityislaatuisuutta kohtaan, ja jostain käsittämättömästä syystä yritämme saada lapsemme taas kasvamaan aikuisiksi nopeammin, nopeammin, nopeammin.

Siitä ei tietenkään seuraa mitään hyvää. Juuri kukaan kasvava ei enää pysty sisäistämään juuri mitään siitä mitä hänelle opetetaan -- ja koko oppisivistyksemme onkin muuttunut joksikin joka alkaa suuresti muistuttaa keskiaikaista skolastista käsiterealismia. Lapsille syötetään valtava määrä käsitetietoa, joka levitetään oppiaineiden käsitepinnoiksi, ja "oppimiseksi" noteerataan se että näitä pintoja opitaan kulkemaan käsitteiden mukana. Koska kaiken on tapahduttava nopeasti, oppiminen muuttuu suorittamiseksi. Suoritukset tarvitsevat aina lukkoon lyödyt säännöt ja valmiiksi kalkitut kilparadat -- ja parhaat suorittajat ovat niitä jotka juoksevat käsitepinnoilla erehtymättömästi ja ehtivät vastata mahdollisimman moneen kysymykseen. Kaukana on se ajattelu mitä Wittgenstein tavoitteli: "Filosofisen kilpajuoksun voittaa se joka jaksaa juosta hitaimmin."

Koulussa esimerkiksi "uskonto" on oppiaine, eikä yksikään sielu koko koululaitoksessa ymmärrä ettei uskonnoissa ole kysymys mistään, toistan: ei mistään "opillisesta", vaan kyseessä on raaka "valta", alkuperäinen, "kaikkiallinen" ajattelulaatu, jonka kollektiivisissa tajunnallisissa kulisseissa sosiaaliset instituutiot kulttuurievolutiivisissa emergensseissä muuntuivat sosiaalisiksi muodosteiksi -- kieleksi ja ajatteluksi. Se on ikiaikaista totemismia -- ikään kuin kaikki uskonnot olisivat vain kunkin uskonnon nimi -- ja kaikki uskonnot vain uskontoja uskontojen joukossa. --

111

Tämä durkheimilaisen sosiologian perusasia on koululaitokseltamme totaalisesti hukassa. "Uskonnoista" puhutaan kuin ne olisivat jonkinlaisia annettuja ajatusaitauksia, opillisia totuusjärjestelmiä, joiden "totuudet" tosin eivät enää länsimaisten ihmisten mielissä nauti samaa kirjaimellista paikkansapitävyyttä joka niille varhaisemmassa historiassa oli enemmän sääntö kuin poikkeus. -- Ja koulu kasvattaa joistakuista pappeja, piispoja ja "uskontotieteilijöitä", hassuja akateemisia "asiantuntija-auktoriteetteja", joiden mielestä "uskontoja" voi vertailla keskenään ihan kuin kaikki "uskonnot" todellakin olisivat vain uskontoja uskontojen joukossa. -- Mutta nehän eivät ole, ne ovat kaikkea muuta. Ne ovat alkulaumojen kaikkiallisen "vallan" edelleen voimissaan olevia tajunnallisia alkioita, ja "valta" on niiden omin ominaislaatu. Teokratioissa tämä valta on vahvaa ja karkeaa, ja juuri siksi omat eurooppalaiset yhteiskuntamme tulevat romahtamaan -- ne eivät kestä kognitiivista yhteentörmäystä. Oma eurooppalaisuutemme on aivan erityisillä historiallisilla ehdoilla kehittynyttä, ja kaikki "tietomme" tarvitsee omat "vallan" alkionsa alustakseen.

64.

Raaka valta, väkivalta, hallitsematon lajinsisäinen aggressio, on ihmisen osa ja ongelma. Se johtuu siitä, että niin evolutiivinen lajikehityksemme kuin yksilön kasvu ja kehitys varhaisesta lapsuudesta aikuiseen autonomiaan on aivan poikkeuksellisen pitkä. Suojelutarpeita tunnetaan luonnostaan vain perhettä, lähipiiriä ja sisäryhmää kohtaan. Siitä syystä myös perheväkivalta on usein erityisen raakaa, ja sisällissodat ovat kaikista sodista verisimmät. -- Yleensä ottaen yhteisen kielimaailman yhdistämä kielelliskulttuurinen kansallisvaltio on ehkä suurin mahdollinen samaistumisalusta. Kehittynyt kansallisvaltio on kaikin puolin maksimaaliset selviytymisominaisuudet omaava ihmisyyden yksikkö, ainakin sikäli kuin sisäinen sosiaalinen eheys siinä saadaan toteutumaan. -- Mutta koska lajin ja yksilön kehitysvaiheet ovat niin pitkiä, ja maapallon kansat niin erilaisilla kehitystasoilla, ja yksilöt saman kulttuurin sisälläkin niin erilaisiksi eriytyviä, aggressiot ovat edelleenkin väistämättä läsnä elämässämme.

Joidenkin visionäärien mukaan aggressiivisuutemme on kuitenkin suuressa mittakaavassa yleisen kehityksen myötä jatkuvasti vähenemään päin (esim. Steven Pinker). Jos havainto pitää paikkansa, mistä se voisi johtua? Pinkerin evoluutiopsykologisointi on puistattavan pinnallista, mutta selityksiä saattaa löytyä myös sosiologian suunnasta. Jos ilmiö on totta isossa kehityskuvassa, sen pitäisi olla nähtävillä myös yksilönkehitystä esittävässä kuvassa. Eli siellä missä yksilöt ovat omanneet hyvät perusturvalliset lähtökohdat ja pitkälle menevä yksilöllinen eriytyminen on tullut mahdolliseksi, siellä väkivaltaa esiintyisi vähemmän. -- Tämähän saattaa olla mahdollista. Indikoivia todisteita voisivat antaa niin sanotusti "kulttuuripohjaiset" väkivaltarikokset, kuten raiskaukset. Niistä kriminaalipsykologiamme ei kuitenkaan ole kerännyt tarpeeksi validia tietoa -- mikä sinänsä on siis seurausta siitä että painamme päähämme mieluummin "poliittisen korrektiuden" peltiämpärin, jota tuomarinnuijat takovat ulkoa, kuin hankimme tositietoa oikeasta todellisuudesta.

Se että "seksi" on kehitysominaisuus, jää useimmilta ymmärtämättä. Desmond Morris kuvailee kirjassaan "Hellyyden anatomia" sen pitkän tien -- kaikki ne lajin kehitysasteisiin palautuvat eleet ja elintoiminnot jotka kiihottuminen laukaisee ja jotka käynnistyvän psykofyysisen taantuman myötä johdattavat rakastavaiset hyväilyistä yhdyntään. -- Olennaisinta on ymmärtää, ettei raiskauksessa ole kyse seksistä, vaan väkivallasta. Ne argumentit, joilla länsimaisia naisia typerästi syyllistetään raiskausrikollisuutta koskevassa keskustelussa, kuten väite, että "liian paljastava pukeutuminen houkuttaa raiskaajia", jäävät omaan arvoonsa, kun tutkimusten mukaan useimmat raiskaajat eivät teon jälkeen pysty edes sanomaan mitä heidän uhrillaan oli päällään -- tai että teko voi yhtä hyvin kohdistua kymmenvuotiaaseen tyttöön kuin seitsenkymppiseen isoäitiin -- kaikki tämä voidaan selittää vain sillä, että raiskaus on raakaa väkivaltaa, ei seksiä. Kun tilastot kiistatta osoittavat nimenomaan joukkoraiskaamisen kulttuuripohjaiseksi rikokseksi, kokokuva alkaa hahmottua.

Mutta tarvitsisimme ehdottomasti paljon lisää kriminologista tietoa, jossa kulttuurinen kehitysaste ja muut yhteisötekijät olisivat validi osa kartoitusta. Palkkioksi tutkimustyöstä ei tulisi vain parempi kyky suojella kehittyneiden yhteiskuntien kehittyneisyyttä ja sen seikan laajempi ymmärtäminen, ettei kehittymättömien kulttuurien kehittymättömyydessä ole mitään säilyttämisen arvoista -- vaan palkkiona olisi myös ihmisen lajinsisäisen aggression yleisempi ymmärtäminen. Toki on olemassa historioitsijoita (esim. Jonathan Glover), jotka luontevasti kuvaavat sotia ottaen lähtökohdakseen yhteisöllisen kehitysasteen -- ettei siis afrikkalaisia tribaalikonflikteja voida kuvata samoin kuin kehittyneiden eurooppalaisten kansallisvaltioiden sotia -- mutta suuri yleisö enimmiltään on valitettavasti vielä sellaisten suurten viisauksien vallassa kuin että "sotia on aina ollut ja tulee aina olemaan".

65.

Kasvatusaiheisista kirjoistaan tunnetun puolalaissyntyisen mutta Sveitsiin asettuneen yliherkän psykiatrin, Alice Millerin, poika, joka nelivuotiaana tuli äitinsä hylkäämäksi, on kirjoittanut muistelmateoksen, jossa kertoo lapsuudenkodistaan, natsi-isästään ja traumoittuneesta kipuilevasta juutalaisesta äidistään, joka pojan silmin nähtynä näyttää kääntäneen omat vaikeutensa tyypilliseksi Pyrrhoksen voitoksi -- hän pystyi teoretisoimaan taitavasti ja käsitteellisti tyköistuvilla psykoanalyyttisella termeillä nimenomaan poikkeavien, ihmishirviöiksi päätyneiden lasten kasvukokemukset, mutta oman perheensä suhteen hän oli pelkkä kärsivä osapuoli, kaikkea muuta kuin sellainen pentujaan puolustava naarasleijona jollainen hänen olisi täytynyt olla mikäli hän olisi vaatinut itseltään samaa kuin hän kirjoissaan esittää ja noudattanut käytännössä kasvatuksellisten visioidensa vaatimuksia.

Alice-äidin tarinaa on ehkä mahdollista pitää tietynlaisena erityi-
senä todistuksena niistä teeseistä joita hän teoksissaan toi esille.
Hänhän väitti, ettei yksikään ihminen synny "pahana", vaan kai-
ken inhimillisen pahuuden takana on aina lapsen fyysistä tai
psyykkistä kaltoinkohtelua. Eniten lienee huomiota saanut hänen
psykoanalyysinsa koskien Hitleriä -- juuri hän toi esille sen per-
heväkivallan joka "maailman pahimman ihmisen" lapsuudenko-
dissa oli jatkuvasti ja painostavana "ilmassa" ja josta pikku Adolf
sai säännölliset ankarat kepiniskunsa. -- Meidän on mahdotonta
tietää, mitä syitä löytyy sen ulkopuolisia järkyttävän ratkaisun
taustalta että Alice hylkäsi oman poikansa. Eristettynä äitisuh-
teestaan kasvaneen pojan oma traumoittuneisuus -- hän kävi lä-
hellä itsemurhaa -- on tietysti oma lisänsä Millerien perhedraa-
maan, mutta täytyy pitää pöydällä myös tosiasia, että siinäkin on
kyseessä vain yhden osapuolen kokemuksellinen "totuus".

Kun me ulkopuoliset katselemme tällaisia meille avattuja perhe-
tragedioita, nousee kuin automaattisesti vahva houkutus tulkita
tapahtumia moraalin kannalta. Se on meille luontaista siksi, että
lajityypillisesti sosiaalisina olentoina kaikki "lähipiiriin" sisäistä-
mämme kysymykset muuttuvat laadultaan nimenomaan "moraa-
lisiksi". -- Juuri tällaiset kaikkien "ajattelumme" ainesten laatua
ja muuttumista koskevat ilmiöt meidän pitäisi itsessämme tunnis-
taa paljon tarkemmin. Itse asiassa kaikki mikä mielessämme on
niin sanotusti "tiedollista" on jo alunperin valikoitunut ja muo-
toutunut "moraalisten" prinsiippien mukaisesti. Siksi emme esi-
merkiksi kykene muodostamaan kunnollista kuvaa siitä millaista
kasvatus oli Alicen lapsuusaikoina -- siis siellä mistä tämän yli-
herkän yksilön omat kasvukokemukset nousivat. Emme esimer-
kiksi osaa kuvitella "kurin" ilmapiiriä ja vaikutusta, emmekä
edes sitä miten hyväksyttyä ja yleistä ruumiillisten rangaistusten
käyttö kasvatuskeinona tuolloin oli. Vaikka Freud oli puhunut
"eroahdistuksesta" kaikkein kauheimpana lapsen kokemana pel-
kona, ja todennut jopa senkin, että hylkäämistilanne on ensim-
mäinen lasta niin syvästi ja pahasti kouraiseva kokemus, että lap-
si tilanteessa ensimmäisen kerran käyttää tietoisesti itkua vedo-
takseen vanhempiinsa ja päästäkseen takaisin symbioottiseen sy-
liin -- silti meidän on kysyttävä, missä määrin Alice oli itselleen
sisäistänyt ja ymmärtänyt näiden syvyyspsykologisten tekijöiden
todellisen merkityksen. --

En tässä siis sano, että Alice tarvitsisi "moraalista" ymmärtämistä tai puolusteluja, vaan pyrin rakentamaan selventäviä mielikuvia siitä mikä ylipäänsä on missäkin yleisessä historiallisessa tai erityisessä yksityisessä perhetilanteessa mahdollista. Ehkä meidän pitää selvitellä "moraalin" ja "tiedon" roolia "ajattelussamme" paljon enemmän jotta edes lähtökohdat tilannearvioille voisivat paremmin paljastua.

Ajatellaanpa Alice Milleriä yliherkkänä ihmisenä jolla on erityiset edellytykset samaistua kipeisiin sieluihin ja virittyä traumojen tajunnallisille aallonpituuksille. Hän näkee enemmän kuin useimmat muut ja syvemmälle kuin tuskin kukaan. Kuitenkin kaikki hänen erityiset henkiset resurssinsa ovat itsessään vammojen vaikutusta -- eli hänen erinomainen eläytymiskykynsä on hänen käytettävissään vain siltä osin kuin hän pystyy pitämään portteja omaan alitajuntaansa auki -- eivätkä nämä hänen henkilökohtaiset haavansa myöskään voi olla vaikuttamatta hänen tulkintoihinsa ja diagnooseihinsa. Psykoanalyytikothan kalibroivat itsensä analysoimalla toinen toisensa. Tämä ei kuitenkaan tee heistä mitenkään "samanlaisia", vaan päinvastoin painottaa sitä tosiasiaa, etteivät kaikki analyytikot sovi kaikkien potilaiden parantajiksi. -- Näistä analyysin lähtökohdista voisimme laajentaa perspektiiviä ihmistieteiden yleisen "tiedonhankinnan" ongelmallisuuteen. Koska ihmistä voi ymmärtää vain toinen ihminen, emme voi mitenkään välttää sitä, että myös kaiken "empiirisen" tutkimuksen ja tiedonhankinnan tarvitsemat lähtökohtaiset käsitteet sisältävät jo itsessään tulkintaa ja selitystä. Sen enempää psykoanalyysi kuin mikään muukaan ihmistiede ei voi lähteä liikkeelle puhtaalta pöydältä, vaan kokeellinen varmistaminen voi toimia vain alunperin rajoittuneen tulkintaraamin puitteissa.

Mikään ihmistiede ei voi koskaan kehua omaavansa tutkimuskohteistaan samanlaista "mitattua faktaa", jolla luonnontieteilijät ovat "ihmisestä riippumatonta todellisuutta" tutkiessaan tuloksia tehneet. Eurooppalaisella uudella ajalla vahvasti vaikuttanut kartesiolainen paradigma on jatkuvasti vahvistanut "positivistista" tieteenfilosofiaa ja uskoa "objektiivisen tiedon ja totuuden" olemassaoloon ja saavutettavuuteen. Niinpä odotamme että myös ihmistä koskeva tutkimus voisi tuottaa ei vain luotettavaa vaan myös jollakin lailla "oikeasti totuudellista" tietoa ihmisen yleisestä "olemuksesta" tai jostakin ominaisuudesta. --

Mutta niin ei ole. Emme voi koskaan katsoa ihmistä samalla tavalla kuin voimme tarkkailla jotain toistettavissa olevaa luonnonilmiötä. Ihmisestä pystymme näkemään vain sen mikä itsessämme on ihmistä -- ja parhaat tarkkailijat saattavat olla juuri Alice Millerin kaltaisia yliherkkiä yksilöitä, joiden omat traumaattiset kokemukset kalibroivat heidät potilaidensa traumojen asiantuntijoiksi.

Millerin ja hänen hylätyn poikansa tapauksessa mieltämme alkaa oitis kuohuttaa joukko kysymyksiä. Valitettavasti kaikki kysymyksemme ovat muotoa: mikä on tässä tapauksessa se "lopullinen totuus" -- tekeekö se oikeutta äiti-Millerille vai poika-Millerille? -- Mutta juuri tämä kysymys jää aina ratkaisematta, yritimmepä selvittää ja ymmärtää heidän syitään, syyllisyyttään tai syyttömyyttään, miten syvältä ja paljon tahansa. "Positivistinen" tiedon- ja tieteenihanne luo harhan, että paneutumalla "kohteeseen" yhä perusteellisemmin lopulta "oikea totuus" paljastuisi. Mutta ihmistä koskevassa tiedossa jokainen "totuus" on yhden tarkastelijan ja yhden näkökulman totuus -- eikä näitä "totuuksia" voi ihmistiedon kyseessä ollen mitenkään summata, laskea yhteen ja kuvitella että "totuus" muodostuisi ikään kuin "kaikkien kertomusten kokonaisuutena". (Daniel Dennett voi tosin olla tästä eri mieltä -- hänestä totuus ihmisestä on eräänlainen kirjasto, johon on kirjattu kaikkien ihmisten kaikki kokemukset. Hän ei ymmärrä että "kokemus" on todella vain kokemuksellinen ilmiö, ja että on käsiterealismia käyttää sitä minkään todellisuuden rakennuspalikkana.)

Ihmisestä meillä on vain kokemuksellinen totuus. Toiseen vaakakuppiin voidaan panna yliherkän analyytikon kokemus, toiseen vaakakuppiin lastata summatiivinen vuori käsitteellisesti "saman" kokemuksen ilmoittavia totuuksia. Analyytikosta voi kuitenkin olla potilaalle enemmän apua kuin monien mielessään muotoilemasta harhasta, yleisestä "enemmistömielipiteestä". --

Todellakin, kaikessa tässä on kysymys ihmistä koskevasta "tiedosta". Kaikki ihmistä koskeva käsitetieto on olemuksellisesti kokemuksellista. Sitä summaamalla ei muodostu mitään yleisempää totuutta. Mistä sitten johtuu, että meillä on niin valtava tarve tai houkutus muotoilla juuri tuollaisia summatiivisia totuuksia? --

On tietysti viitattava siihen tapaan, jolla yleiskäsitteet ja kaikki yleistävä -- "yleiskatsauksellinen" (Wittgenstein) -- ajattelu noituvat ymmärryksemme. Mutta on noteerattava toinenkin näissä asiayhteyksissä selvästi näyttäytyvä seikka. Taipumus luoda summatiivinen totuus pohjautuu myös moraalisen tuomitsemisen tarpeeseen. Kun taannutamme ajattelumme, "tiedon" tajunnalliset alkiot palautuvat "vallan" kaikkiallisiksi alkioiksi. Juuri summatiivinen totuudellisuus toteuttaa "kaikkiallisuuden". Juuri ihmistä koskevasta, tosiasiassa vain kokemuksellisuuden varaan rakentuvasta "tiedosta" on mukavaa taantua takaisin kaikkiallisen "vallan" maailmaan, jossa kaikki mikä koetaan moraaliseksi -- sosiaaliseksi sidosaineeksi -- koetaan todeksi. Juuri sitä "kaikkiallinen valta" olemuksellisesti on -- se on sekä annettu sosiaalinen todellisuus että totuus.

Kun yhteisöllinen eheys kriisiytyy, äänenpainot kääntyvät kuin itsestään moraalisiksi. Rintamat jakautuvat: jos et ole puolellamme, olet vihollistemme puolella. Se on ikuinen tie totalitarismiin, eikä siinä ole väliä minkä vuosituhannen aatteet tai tiedot toimivat ajattelun kulisseina. Taantuminen tapahtuu niin että auktorisoidut totuudet autorisoituvat. Totalitarismeissa ei ole totalitaristeja, vaan oikeassaolijoita. Oikeassaoleminen on totalitarismille ominaisin elämäntunto. Oikeassa ollaan kaikilla tavoilla, moraalisesti, totuudellisesti, tiedollisesti, opillisesti. Se juuri on "vallan kaikkiallisuutta".

Jälkisanat

Miltei jokaisessa näistä päiväkirjamerkinnöistä toistellaan miltei samoin sanoin yhtä ja samaa asiaa -- perustavanlaatuista totuutta ihmisen lajityypillisestä olemuksellisesta sosiaalisuudesta ja kulttuurievoluutiosta sosiaalisena muodosteena. Puhutaan vallan kaikkiallisuudesta ja tajunnallisista alkioista. Tämä johtuu ihan muutamasta tietystä syystä. Ensinnäkin tietysti siitä, että olen tähän valinnut nimenomaan ja vain tuota aihetta koskevat tekstit. Toiseksi siksi, että jonkun on syytä toistaa sata kertaa asiaa, jota kukaan muu ei osaa, tohdi tai tahdo julki sanoa. Suomalainen sivistyneistö sulkee silmänsä, painaa kädet korvilleen ja sulkee suun suppuun kun pitäisi puhua Durkheimista, kielimaailmoista sosiaalisina muodosteina, tai kulttuureista kovina kognitiivisina tosiasioina. Epäilen löytyisikö akateemisesta maailmastamme enää kahtakymmentä vanhurskasta, jotka tietävät mitä instituutio tarkoittaa. Kolmanneksi siksi, että emme ole nyt menettämässä pelkästään yhteisövoimia, yhteisöominaisuuksia ja yhteisöilmiöitä käsittävää ymmärrystämme, vaan hullun lailla hukuttamassa itsemme johonkin päinvastaiseen -- tiedollis-opillis-aatteellisissa ismi-identiteeteissä elpyvään skolastiseen käsitealismiin. Se on todellinen moderni oppineisuuden osoittamisen paradoksi, jonka kruunaa se että akateemiset auktoriteetit yhä useammin huutavat sensoria ja poliisia avukseen arvovaltaansa ja -valintaansa varjellakseen.

Neljännenkin näkökohdan voisi mainita. Se on se ettei toisto ole ainoastaan toistoa. Se on muistutus siitä etteivät monet niin sanotusti "eri asiat" ole pohjimmiltaan eri asioita. Tiedollisten intressien pirstoutuminen yhä pienempiin autonomiaa tavoitteleviin tietoaitauksiin ja elämämme riemunkirjavien "opillisten ismien" maailmassa on luonut postmodernin "myytin maailman monimutkaisuudesta" -- ja yhä useammin kaikki vaikeat asiat on mahdollista haudata tai sivuuttaa vain viittaamalla kysymysten paljouteen ja vaikeuteen. "Myytti maailman monimutkaisuudesta" oikeuttaa yksinkertaisen puheen "populismista", mistä on sitten tullut suomalaisenkin sivistyneistön stiiknafuulia, jolla se voi väistää vaikeiden ongelmien kohtaamisen ja niiden nostamisen käsittelyyn vertaistasolla. -- Niinpä tämä populismi-hokeminen tarvitsee vastapainokseen juuri sitä että valistuneella tavalla huomautetaan akateemiselle oppineistolle kerta toisensa jälkeen, miten tietyt sen väistelemät tosiasiat -- kuten juuri lajimme kaikessa vaikuttava pohjimmainen sosiaalisuus, yhteisövoimien, yhteisöominaisuuksien ja yhteisöilmiöiden ensisijaisuus -- ovat väistämättömyydessään yksinkertaisia tosiasioita, jotka saattavat olla paremmin tajuttavissa siellä missä käsiterealistinen käsitetieto ei vielä ole noitunut tervettä todellisuudentajuista järkeä. -- Antropologia, sosiologia, sosiaalipsykologia tai kielifilosofia eivät oikeuta oppineiston harjoittamaa torjuntastrategiaa kipeiden kysymysten mitätöinnissä. -- On siis toistettava ja toistettava jokaisen "monimutkaisen asian" yhteydessä ettei kyse ole oikeasti "eri asioista", vaan tarvitaan käsitepinnat läpäisevä kaikkea kokoava katse, jolla yhteyksiä nähdään alkuperäisen yhteisyyden pohjalta.

Ihan ilmoitusasiana: rahatalousajattelussa, joka on alkuperäisen "uskonnollisen" ajattelulaadun vallalla oleva versio, siis oman aikamme uusi suuri maailmanuskonto, tapahtuva raha-ajattelun autonomisoituminen ja irtoaminen reaalitodellisuuden maaperältä on aivan samaa, toistan: aivan samaa ajatusharhaa ja asiahallitsemattomuutta, yleiskäsitteellisillä ekstrapolaatioilla luotua illuusiota kuin mitä ovat ne käsitteelliset väistöliikkeet, joilla luodaan ylihistoriallinen, ylikulttuurinen, ylikansallinen ja yliyhteisöllinen yli-ihmiskuva, jonka varassa on konstruoitu ihanteellisia ihmisarvo- ja -oikeusideologioita, jotka todellisuudessa ovat johtaneet niin akateemikot kuin poliitikotkin totaaliseen asiahallitsemattomuuteen kansainvaelluskysymyksessä.

Erilaisissa "ismeissä" elpyy näennäisen erilaisuuden maailma. Näennäinen erilaisuus viehättää ja noituu postmodernistien ja ismi-identifioituvien ymmärryksen. Siinä ihonvärilläkin on väliä -- ja toisaalta todelliset ongelmat jäävät pinnan alle.

Reilut kaksi vuosituhatta länsimainen filosofia otti annetut käsitteet ja ongelmat sellaisinaan, kunnes viime vuosisadalla fokus keskittyi itse kieleen jolla kysymyksiä muotoillaan. On tuskin epätoivoisempaa yritystä jäljittää kielimaailman perimmäisiä fundamentteja kuin Heideggerin "Sein und Zeit". Käsiterealismi ottaa lähtökohtaiset avainkäsitteet merkityslähteinä, ja mitä perusteellisemmin käsitteillä määritellään toisiaan, sitä suljetumpiin ontologisiin kehiin kielimaailma paketoidaan. Heidegger on varmaan vaikuttavin esimerkki filosofista, joka on takertunut Wittgensteinin tarkoittamaan kärpäspulloon -- hän ei pääst irti olemiskäsitteistään, vaan kääntelee niitä kuin insinööri joka rakentaa suunnatonta siltaa ilma täynnä jännitteistä odotusta siitä että erään palkin jälkeen rakennelma täydellistyy ja kannattelee koko maailman painon. -- Descartesin oivallus johti eriytyvän Subjektin ja Objektivoituvan todellisuuden vastakohta-akseliin, Spinoza loi immanenssin, Leibniz monadiset tajunnalliset alkiot, Berkeley solipsismin, ja jos sitten Hegel hajotti kielelliset alkiot ja konstruoi uusia sanaluokkia -- mitä teki Heidegger? Mitä jäi hänen jälkeensä, mikä oli hänen olemisensa paikka ja ajatushistoriallinen anti? -- Luulen että vastaus on olemassa ja se on aika tyly. Hän oli kaiken postmodernismin edelläkävijä, itse itsensä oikeuttavien ja itseään merkitsevien käsitteiden käytön auktorisoija, ja hänen jälkeläisensä omivat häneltä autonomisoituvan kielen, puhuvaksi Subjektiksi muuttuvan kielen, jolla kuitenkaan ei ole jäljellä mitään autenttisia ominaisuuksia -- kaikki postmoderni puhe on vain jonkinlaista teoreettisten filosofien puhuvien päiden hypoteettista puhuntaa joka on korkeintaan itsetarkoituksellisessa relativistisessa suhteessa maailman kaikkiin itseanalyyttisen kielen dekonstruktööreihin.

Uuden ajan todellisuudentajuisempi perinne tiivistyi Wittgensteiniin, mutta siinäkin hän jäi viimeiseksi järjen "kartesiolaista " laatua edustavaksi ajattelijaksi. Hänen nuoruudenteoksessaan esitetään niin sanottu "kielen kuvateoria", mutta siinäkään ei saada kielen kokokuvaa esille. Vasta kun "kirjoitetun" kielen rinnalle nostetaan antropologis-sosiologinen eläytyminen, alkaa jotain kokonaisempaa hahmottua. -- Ero retorisen ja kirjallisen kielen perinteen välillä on yksi tärkeimmistä tiedonfilosofisista vedenjakajista. Yön ja päivän vaihtelu jakoi ihmisen aivot kuulo- ja näköaistin maailmoihin, "pyhän" ja "profaanin" durkheimilaisiin lohkoihin. -- Ja kun noidumme nyt ymmärryksemme "pyhillä" yleiskäsitteillä, taannutamme itsemme takaisin retoriikan taikavoimien ja hurmahenkien valtaan.

Sinä, minä, hän -- Heidegger-epiteetit
Lisälehti kirjaan "Vallan kaikkiallisuudesta ja Tajunnallisista alkioista"

1.

"Vallan kaikkiallisuudesta" ja "tajunnallisista alkioista" puhuminen edellyttää yritystä palauttaa oma tajunnantila inhimillisen kehityksen symbioottiseen varhaisvaiheeseen. Vaikka tällaisen eläytymisen mahdollisuudet ovat likimain olemattomat, jo sen rajan tavoittelu, jossa "tajuttavissa olevasta" pitäisi siirtyä vielä syvemmälle, voi opettaa meille jotakin. Tajunnan tavoitettavissa olevat varhaisimmatkaan viriämät eivät nimittäin synny tyhjästä, vaan niissä on jäljellä jotain joka kertoo pimentoon painuneista lähtökohdista. Kun tällaista elämyksellistä, epäsuoraa mutta kokemuksellista ainesta yhdistetään siihen tietoon jota alkukantaisten kulttuurien antropologinen havainnointi on antanut ja joita sosiologinen yhteisölähtöinen näkökulma voi vahvistaa, voimme todeta, että emme ole kokonaan tyhjän päällä yrittäessämme jäljittää ihmisyyden syntyä ja kaiken inhimillisen kehityksen yleisiä lähtökohtia.

Vaikka Haeckel oli monissa yksityiskohdissa väärässä, silti hänen väitteessään siitä että ihmislajin kehitys toistuu eräänlaisena pienoiskuvana jokaisen nykyihmisen yksilönkehityksessä on perää. Kehitys on olemuksellisesti "kerrostuksellinen" jatkumo, ja tietyt niin rakenteelliset kuin kognitiivisetkin asteet voivat seurata toisiaan vain tietyssä järjestyksessä. -- Toisaalta on niin, että kehityskerrokset ovat olemuksellisesti "akkommodatiivisia", eli ne eivät vain tuo omaa lisäänsä aiempaan kehitykseen, vaan niiden vaikutuksesta kaikki aikaisempi voi toimia ikään kuin toisessa potenssissa. Emme voi esimerkiksi ajatella inhimillisen kielen tyypillistä kehityskaavaa "signaalit -- symptomit -- symbolit" niin että kerrosten väliin olisi jäänyt selviä rajoja, vaan niin, että signaalit ovat erityisellä "kehittyneellä" tavalla symboliominaisuuden käytössä myös silloin, kun kieli elää "korkeammassa" maailmassa.

123

Aivan vastaavasti meidän pitäisi pystyä läpiajattelemaan monien muidenkin inhimillisten ominaisuuksiemme kehitysvaiheet. Isossa kokokuvassa meidän tulisi nähdä miten lajityypillisesti sosiaalisen olennon joukko-organisoituminen ja elämänmuodon jatkuvuutta takaava primitiivinen "kaikkiallinen" valta muodostavat alustavasti kaiken "tositiedon" muodolliset kognitiiviset rakenteet, ja miten lopulta, erityisesti työnjakoon ja roolittumiseen suuntaavassa kulttuurissa, valta jalostuu kokemukseksi yksilöllisestä "tahdosta". -- Mutta meidän on nyt todella vaikeaa tavoittaa eläytymällä tätä primitiivistä kehitysvaihetta, sillä eurooppalaisen uuden ajan individualisteina synnymme "valmiiseen" käsitetiedon maailmaan ja käytämme koko elämämme epätoivoisesti selvittääksemme itsellemme omaa, meille annettua "ihmisen osaa" meille annettujen historiallisten ehtojen ja "tiedollisten" käsitteiden merkitysviidakossa.

Pitäisi siis lähteä liikkeelle paljon, paljon, paljon "annettuja" käsitteitä kauempaa ja "asetettava kysymysmerkit paljon syvemmälle" (Wittgenstein). Omakohtaisesti pitäisi palata oman syntymän jälkeiseen aikaan ja eläytyä tajunnantilaan, jossa kaikkiallisuuden ja kaikkivoipaisuuden kokemus on ainoa olemassaoleva -- vastasyntyneen maailmassa ei ole lokaatioita, tilan raameja tai rajoja, vaan kaikki "tapahtuminen" on alati olemassaolevaa, kaikkiallista. Edes aistien työnjako ei vielä jäsennä maailmaan rajoja, kaikki on lähinnä ääniä, fyysistä kosketusta ja läheisyyttä, ruumiintuntoja -- ja hoivaaja edustaa kaikkivaltaa. Lapsi itkee nälkäänsä kirjaimellisesti "henkensä edestä", mutta, ja jos ja kun tyydytys tulee ajallaan, vähitellen fyysisestä symbioosista kehittyy jotakin jota voimme kutsua "perusluottamukseksi". -- Se on se elämän pohja, jonka varaan kaikki myöhemmin tapahtuva kasvu ja kehittyminen rakentuu. Jos varhaisen lapsuuden perusturvallisuus jää puuttumaan -- jos hoito ei ole säännöllistä tai tapahtuu jotain pahasti traumatisoivaa -- mikään myöhemmin tuleva paikkausyritys ei voi korvata tai korjata psyyken pohjan puuttumista. Ja tämä lajin selviytymisen ehtoja koskenut tosiasia on nähtävä myös nykyisen yhteisömme kannalta -- vain yhteiskunta, joka mahdollistaa äideille ja lapsille vankan perusturvan, voi kehittyä yksilöllistymisessä, älyllisissä ja tiedollisissa kyvyissään pitkälle.

124

Voisimme kelata läpi lukemattomia varhaisen kehityksen yksityiskohtia ja saada tuta siitä mitä primitiivisessä mielessä todella tapahtuu. Olennaista ei ole se olemmeko jossain kuvitelmassamme "oikeassa" -- sillä "tiedollinen" oikeassaoleminen kuuluu kokonaan eri maailmaan kuin mikään mihin yritämme eläytyä -- eikä mikään, toistan: ei siis mikään täydellinen "tiedollinen" pätevyys pysty tunkeutumaan "kaikkiallisuuden" maailmaan. -- Olennaista on vain se, että muodostamme korviemme välissä jonkinlaisen uuden kokemuslaadun, joka antaa meille mahdollisuuden suhteuttaa "käsitetietoamme" sille ominaisen tiedollisen maailman ulkopuolelle. -- Esimerkiksi putoamisen pelkoa on tiedollisesti ajateltu "yhtenä harvoista synnynnäisistä" peloista, mutta voimme eläytyä siihen että tuntoaistin kautta välittyvä turvallinen "paikallaolo" uhkaa äkkiä hävitä. Samoin voimme rakentaa sellaisen aistien työnjaon maailman, jossa korva reagoi ennen kuin katse -- tiedämme, että kovat äkilliset äänet säpsähdyttävät, säikähdyttävät vastasyntyneen, mutta normaalisti emme osaa eläytyä tajuntaan jota äänet hallitsevat. Silmän hahmot täsmentyvät vasta paljon myöhemmin. --

Juuri tämänkaltaiset ehdot ovat vallinneet myös ihmissuvun varhaisvaiheessa, jossa koko alkulauma on reagoinut suuren hoivaorgaanin tavoin ja jatkuvuutta takaavat sosiaalisen "vallan" instituutiot ovat olleet olemuksellisesti turvan elementtejä. -- Ja juuri yön ja päivän vaihtelun, yöllisen yhteen kokoontumisen, kosketustunnon ja läheisyyden, turvan hakemisen, ryhmäytymisen synnyttämän ylijännitteen ja kuulon herkistymisen pohjalle rakentuu kaikki inhimillinen "pyhyyden" tunne, kun taas näköaistin varassa tehdään päivän työt, kerätään ja metsästetään, kohdataan arkiset realiteetit. Durkheimin tekemä perustavanlaatuinen ero "pyhän" ja "profaanin" välille nousee siis suoraan lajille annetuista ehdoista, primitiivisen tajunnan alustalta. -- Nämä symbioottisen varhaisvaiheen perustavanlaatuiset kokemukset ovat niin ihmislajin kuin eri aikojen yksilöiden myöhemmässä elämässä läsnä esimerkiksi maailman kaikkien uskontojen rakennusaineksina. Itse asiassa "vallan kaikkiallisuus" on teologinen termi, yksi niistä ilmaisuista joilla jumalallisuuden kaikkivaltaa ja kaikkivoipaisuutta on ilmoitettu, omnipresenssi, omnipreesens – eli "oleminen" ja "aika" – ja Heideggerin kirja on muuta kuin filosofiaa, se on eksistentialismin ja fenomenologian raamattu.

Jos symbioottista maailmankokemusta jotenkin voidaan luonnehtia, kysymys on nimenomaan "olemisesta" -- mihinkään sijoittumattomasta ja vailla dynaamista aikaa "vallitsevasta" olemisesta.

Voimmeko tuoda tällaisen tajunnallisen fenomeenin kehityksen varhaisvaiheesta läpi kaikkien kehityskerrosten ja käyttää sitä primitiivisellä tavalla, jolloin syntyy metatasojen ongelmia, joita sitten nimitämme "filosofiaksi"? -- Jos Heidegger olisi aloittanut "olemisen" analyysinsa siitä mistä "oleminen" todellisessa elämässä alkaa, hän olisi säästynyt epätoivoiselta yritykseltä määritellä määrättömiä määreettömiä olemiskäsitteitä. Mutta pitkässä länsimaisen filosofian "käsitetiedollisessa" perinteessä hän on pikemminkin tietynlainen käsitetiedollisten järkijäsennysten täydellistäjä, joka levitti skolastisen käsiterealismin pitkän perinteen lavealle tasopinnalle ja yritti kynänsä kärjellä kutoa inhimillisen kehityksen kerrokset yhdeksi käsitematoksi, jossa kaikki langat punoutuisivat toisiinsa ja jonka monenlaatuisia raitoja "olemiskäsitteen" loimilangat lujasti ellei lopullisesti sitoisivat. --
Kant ei siis ollutkaan viimeinen ja täydellisin skolastikko, eikä Hegel onnistunut käsitteiden ominaislaatuja murskaamalla ja tajunnallisia lokatiiveja ravistelemalla katkaisemaan lopullisesti skolastiikan ikiaikaista perinnettä. Emme koskaan voi juuria "olemiskäsitteitä" irti niiden alkuvoimaisesta symbioottisesta maaperästä. Akateeminen filosofia tutkii Kantia edelleen kuin hänen koulumestarin kärsivällisyydellä kyhätyissä oppirakennelmissaan piilisi syviä salatieteellisiä viisauksia – muistakaa, että kaikki "pyhä" tieto oli alkulaumojen alusta alkaen salatietoa, jota on kuiskittu noviisien korviin kirkkojen peräkamareissa, ja akatemia on edelleen kaiken "tiedon" temppeli ja pyhittäjä. -- Jumalat saavat vain vahvistusta julkisesta, populistisesta parjauksesta, eikä esimerkiksi Nietzsche suinkaan surmannut jumalia, vaan aivan päinvastoin: sementoi ne portaat joilla yli-ihmisen asemaan noustaan. – Heideggerin nuoruudenteos oli epäilemättä motivoitunut paljolti petaamaan hänen akateemista asemaansa. Yhä vieläkin sitä turhaan kunnioitetaan perusteellisena pyhänä läpianalyysina "olemiskäsitteistä". Sillä oli onni tai kohtalona olla osa sitä erityistä akateemista pintakuohua – näennäisesti ristiriitaisten filosofikuninkaiden jumalallista valtaperintöä – jonka varaan kaikki niin sanottu "postmodernismi" sittemmin elvytti täydellisen käsiterealisminsa kävelläkseen jumalallisin voimin vetten

päällä. Mutta nämä monumentit kuvaavat verbaalisessa sisäsiit-toisuudessa vain itseään siinä missä ihmiskuvan tulisi esittää la-jinkehitystä.

2.

Yhtäältä jumalalliseen kaikkialliseen valtaan samaistuminen ja vallan rajojen hahmottaminen ja kokeileminen ja toisaalta uhri-ajatteluun kuuluva uhripääoman kasvattaminen ovat "nietzsche-lainen" perusvastakohta -- ikuinen teodikea, dikotomia, dialek-tiikka, diabolismi. Sadismi ja masokismi hahmottuvat "valta-ase-telmana". Silmien sitominen -- jota sananvapauden rajoittaminen pohjimmiltaan on -- on ase tässä taistelussa. Nietzschen myyttis-sävyisessä tarinankerronnassa Jumala ("Zarathustra") on nimen-omaan "kaikkiallista" valtaa "tahtova" Jumala. Hän on oman elä-mänsä ehdoton omnipotenssi, omnipresenssi, omnipreesens, ja hänen katseensa on ylenkatsetta, jota pätevöitetään irtisanoutu-malla schopenhauerilaisesta säälistä. Tämä Jumala on myös Mies, ja kyse on sukupuolten välisestä sodasta. Dionysos-dity-rambit ovat ylistyslauluja Jumalan sadismille ja palvojan maso-kismille. Viini sumentaa suloisesti silmät. Siinä on jotain sek-suaalista. Kaikissa uskonnoissa on nymfinsä, esimerkiksi uuden testamentin Jeesus -- ecce homo, itsensä uhraava masokisti.

Ihminen on todella Jumalan kuva, ja päinvastoin. Siitä että kris-tinuskon Jumala on ihmishahmoinen on ollut eurooppalaisen kulttuuripiirin ihmiselle äärettömän tärkeitä seurauksia. Alun al-kaenkaan uskonto ei ollut vain vallan alkeismuoto -- durkheimi-laisittain tulkittu "uskontoelämä" on paitsi sosiaalisen "vallan", myös kaiken "tiedon" alkeismuoto. Individualismin maailmassa ihminen joutuu nokakkain Luojan kanssa, ja tästä tajunnallisesta lokatiivista, joka olemuksellisesti on itserefleksiota, tulee ihmi-sen mitta. Raamattu sanoi että ihmistä mitataan sillä mitalla jolla hän itse mittaa, ja Shakespeare komensi ottamaan mittaa mitasta.

-- Itserefleksio -- peilin vuorovaikutus, narkissosmyytin reso-
nanssi ikuisen maailmanlähteen käsitepinnalla, "minän" vuoro-
puhelu "maailman" kanssa ja projektiivisesta todellisuusvasteesta
kasvava ja koottu "tieto" -- tämä oli se mekanismi joka lopulta
uudella ajalla murensi teokratian. Individualismin kartesiolai-
sessa maailmassa "vallan kaikkiallisuuden" vastavoimaksi kas-
vaa tosiasia että "tieto on valtaa". --
Voidaan jopa ajatella, että vain "tieto" voi pelastaa ihmisen. Ih-
minen on ainoa elävä joka "osaa" ajatella, ja ihmisen kehitys ih-
misenä on nimenomaan "ajattelun" kehitystä. Me emme voisi
tehdä pahempaa rikosta ihmisyyttä vastaan kuin mitä merkitsee
se, että kiellämme itseltämme järjen käytön. Että siis "älyllinen
rehellisyys" -- jonka on oltava niin ehdotonta että se tarvittaessa
pystyy murskaamaan kaikki sananvapautta rajoittavat muurit --
on lopulta ainoa todellinen hyve. Että ihmiselle annettujen kogni-
tiivisten kykyjen käyttämättä jättäminen -- mistä synkin suuren
mittaluokan esimerkki on joissakin kulttuureissa vallitseva, ta-
juntaa amputoiva kuvakielto ja muut tabut -- ja irrationaalisen
harras uskonnollinen "alistuminen" on synneistä suurin. Että ai-
noa kaikessa "vallassa" vaikuttava totuudellinen (todellisuuden-
hallinnallinen) tekijä ikään kuin nimenomaan piirtää koko ajan
"kuvaa" Jumalasta ja Ihmisestä, ja silmien sitominen (kulttuuri-
nen kuvakielto) merkitsee masokistista antautumista "kaikkialli-
sen uhrin" avuttomaan rooliin?

Uskontojen jumalat voidaan kuitata joulupukkisaduiksi, mutta
siinä tapahtuu historiallinen väärinymmärrys, jota suurempaan
tuskin on mahdollista sortua. Ihmisen alkuperäinen ajattelulaatu
on "uskonnollinen", ja "kaikkiallisen vallan" vaikutus elää tänä-
kin päivänä jokaisessa ajatuksessa joka päässämme syntyy. Ja,
sitä paitsi, jokainen päässämme syntyvä ajatus on selittämätön
ihme. Sen edemmäs meidän ei tarvitse mennä törmätäksemme
johonkin johon omat aivomme eivät koskaan tule tietämään seli-
tystä. Jumalat eivät elä "tiedollisessa" maailmassa, mutta tositie-
to on jumalallista. Se joka jättää uskontoelämän pois historiantul-
kinnastaan ei ymmärrä ihmistä, ei ihmishengen saavutuksia ku-
ten filosofiaa tai tiedettä, eikä ihmismielen rajoituksia, kuten sitä,
että historiallisissa kerrostumissa toistuvat yhteneväiset käsiteku-
viot merkitsevät institutionaalisia -- sosiologisia ja psykologisia

-- jatkumoita eikä mitään käsitesisällöllistä. -- Teemme todellakin suurimmat syntimme ylläpitäessämme tabuja, "poliittista korrektiutta" ja käsitteellisiä väistöliikkeitä ja kiertoilmaisuja. Ylevät yliekstrapoloidut yleiskäsitteemme, kuten "ihmisarvo- ja - oikeudet", jotka ovat ylihistoriallisia, ylikulttuurisia, ylikansallisia ja yliyhteisöllisiä -- kuuluvat siis yli-ihmiselle -- amputoivat ajattelustamme kokonaan todellisen ihmisen.

3.

"Vallan kaikkiallisuudesta ja Tajunnallisista alkioista" -koosteen alaotsikoksi olisi -- jos kyseessä olisi ollut vähänkään enemmän kaunokirjallinen tuote -- voinut lainata Jean-Luc Godardin elokuvan nimen: "Kaksi tai kolme asiaa jotka tiedän hänestä". (Se on juuri se elokuva, jossa äiti kertoo lapselleen unisatua ja pienen hiljaisen hetken katkaisee lapsi joka kysyy: "Äiti, mitä on kieli?" Ja äiti vastaa tuolla Heidegger-pohjaisella repliikillä: "Kieli on talo jossa elämme".) -- Koosteessahan on oikeastaan vain kaksi isoa oivallusta: muinaisen tarinankerronnallisen toiston, myyttisen totuudellisuuden rekapituloituminen empiristisessä kokeellisessa metodissa, ja sitten tuo antiikin kreikkalaisten miellemaailman syysuhde-lokatiivin rekapitulaatio siinä minkä nyt koemme "logiikkana" käsitesisällöissä. -- Kolmas asia olisi sitten tuo yleistyvä "hän" -- eli se että persoonapronominien oikea järjestys on: sinä, minä, hän, me.

Jos tajunnallisista "lokatiiveista" annettaisiin havainnollinen ja ymmärrettävissä oleva esimerkki, voitaisiin viitata juuri tuohon koulussa opeteltuun luetteloon persoonapronomineista: minä, sinä, hän, me, te, he. Ja pyydettäisiin eläytymään siihen järjestykseen, jossa nuo tajunnalliset "hahmot" todellisuudessa syntyvät päässämme. Oikea järjestys voitaisiin luetella yhtä määräävin äänenpainoin tai luontevasti: sinä, minä, hän, me. --

Ja jos yksikön ja monikon rajaa määriteltäisiin, se asettuisi "minän" ja "hänen" väliin. Sillä "sinä" ja "minä" ovat ensimmäisen asteen "koettua" sisäpiiriä, lokatiivisesti ottaen vastakohta-akseleita, mutta jo "hän" sijoittuu ulkopiiriin, jossa vallitsevat hahmojen keskinäiset akselit. "Hän" on siis yleistynyt hahmo, "Hän" on "yleistynyt Toinen", "suuri Toinen" -- ja "monikot" ovat olemuksellisesti nimenomaan jotain yleistynyttä.

Kun Kuningas julistaa puheensa Toteemin huipulta -- kuten myös filosofikuningas Zarathustra tekee -- hän käyttää kuninkaallista "me"-persoonaa. Se on kaikkiallisen vallan persoona niin kauan kuin valta personoituu. Ja paradoksi on siinä, että näin personoituessaan valta palautuu nimenomaan kaikkein persoonattomimpaan "kaikkialliseen" laatuunsa. Totalitarismit ovat oman aikamme totemismeja, ja siitä huolimatta että niillä on aina Suuret Johtajansa ne ovat nimenomaan taantuneen vallan järjestelmiä, joissa yksilöllinen eriytyminen häviää, ja asiat alkavat "vain tapahtua". Totalitarismissa yksilöiden kriittinen järki ja vastustuskyky häviää, yksilöt eivät päätä eivätkä kanna vastuuta -- kaikki tapahtuu automotorisesti, kuin itsestään, kuin välttämättömyyden pakosta. Suurta Johtajaa tarvitaan, mutta ei ole mikään ihme, että jäljestätulevat historiantutkijat ovat ylivoimaisten vaikeuksien edessä yrittäessään ymmärtää tai edes jäljittää näiden persoonattoman vallan marionettien "henkilökohtaisia" ominaisuuksia. Kaikki diktaattorit ovat sisältä tyhjiä narsisteja tai psykopaatteja, eräänlaisia ihmiskameleontteja jotka jokainen voi nähdä omien tarpeidensa mukaan, ja valtajärjestelmänä totalitarismi toteutuu passiivin kielimaailmassa, jossa Suuren Johtajan mielivaltaiset oikut vain kasvattavat hänen karismaansa. -- Ollaan taannuttu symbioottiselle asteelle, tajunnallisen kaikkivallan asteelle, jossa mikään eriytyminen ei määrää mitään, ei myöskään "tieto", joka ihmissuvun kehityksessä on nimenomaan yksilölliseen eriytymiseen liittyvä emergenssi.

Tätä pitäisi toistaa niin että hoku saisi totuudellisuuden gloorian: persoonapronominien oikea järjestys on: sinä, minä, Hän, me.

Sinä, minä, hän, me. Ihmisen lajityypillisen olemuksellisuuden ymmärtäminen tyrehtyy jo siihen, ettemme millään käsitteellisen ajattelun keinoilla pääse takaisin siihen tajunnalliseen alkutilaan, joka vallitsi ennen "minää".

Itsetietoisuuden kynnys on kova juttu. Kaikki muistamamme kokemukset pohjautuvat itsehavaintoon ja -tietoisuuteen, ja kaikki korviemme välissä elävät käsitteet ovat syntyneet ja elävät sekä pystyvät kuvaamaan ja selittämään vain sitä maailmaa, josta meillä on kokemusta. Kuitenkin kaikki ihmisyytemme kulttuuriset laatutekijät on istutettu meihin jo symbioottisessa varhaisvaiheessa, paljon ennen kuin mikään "minän" maailmaan kuuluva on olemassa.

"Kulttuurit" ovat kovia kognitiivisia tosiasioita, kognitiivisia raiteita, jotka kuljettavat monadisia junanvaunuja läpi kaikkiallisen vallan mantereen. Niiden ikkunoista avautuu ohikiitävä aikalaiskielen ja -ajattelun maisema. Tajunnalliset alkiot on ihmiseen istutettu jo symbioottisessa vaiheessa, ennen kuin mikään tietoisen saati tiedollisen vaikuttamisen mekanismi on kehittynyt. Siksi olemme käsitteellisen järkemme keinoin kyvyttömiä ymmärtämään mitään mikä olisi eniten elintärkeää -- lajityypillistä sosiaalisuuttamme tai "kulttuureita" kovina kognitiivisina tosiasioina. Kaikki "tietomme" on miltei yksinomaan käsitetietoa. Ja tähän käsitetietoon liittyy pikemminkin sen olemuksellisen ylikasvamisen -- käsiterealismin -- vaara, eikä ole olemassa oikeastaan ainoatakaan todellista mahdollisuutta kääntää katsetta taaksepäin ja kerryttää tietoa kehityksen alkuasetuksista ja -ehdoista.

4.

Termillä "käsiterealismi" tarkoitan jotain sellaista joka konstituoituu "yleiskäsitteiden" -- joita ovat siis kaikki tajunnalliset ajatushahmot jotka eivät fokusoi katsetta vaan noituvat ymmärrystä omaamallaan merkityslaajentumisen ominaisuudella -- esimerkiksi numeraalit ovat yleiskäsitteitä -- pohjalta ja rakentuu niiden "itsekantavuuden" -- eli juuri tuon näissä käsitteissä elävän alkumaagisen kaikkivallan -- varaan ja joka todellisesta vaikuttavuudestaan huolimatta ei ole todellisuudessa konstruoitavissa. Huomautan, ettei se ole myöskään kielellisin operaatioin dekonstruoitavissa. -- Kun sanon, "ettei käsitteistä voi päätellä todellisuuteen päin", tarkoitan jotain samankaltaista kuin Popper todetessaan, ettei "tieteessä" voida verifioida mitään, ainoastaan falsifioida. --

Esimerkiksi käsityksemme "yhteiskunnasta" on kaikissa historiamme vaiheissa ollut jonkinlainen projektio siitä mikä aikalaisajattelussa on ollut mahdollista projisoida yksilöstä yhteisöön. Olemme aina kuvanneet yksilöä ja yhteisöä samoilla metaforilla. Uuden ajan kansallisvaltiot syntyivät oikeuksiaan ja vapauksiaan vaativien yksilöiden yhteisöprojektioina, ja alkuvaiheessa niille annettiin jopa henkilönnimiä. Tämä aivan erityinen "edustuksellisen vallan" kognitio on myös kansallisvaltioille -- ja vain niille -- ominaisen "demokratian" takana. Ilman autenttista historiallista sisältöään demokratiamme on tyhjä käsiterealistinen kuori -- todellinen "olkiukko", molokki, sellainen kuin EU, joka siis todellisuudessa on eurooppalaisuuden hajoamisilmiö.

Ei suinkaan ole sattumaa, että nyt kun eurooppalaisen uuden ajan individualismi on kasvamassa sokeuden asteelle, ja se ajatteluperinne joka koherenttista totuudellisuutta tavoitellessaan loi uudet erityistieteet ja käynnisti kehityksen, joka parina viime vuosisatana on muuttanut ihmiselämän ehtoja tuhatkertaisesti enemmän kuin mitä ne muuttuivat lajin aiemman miljoonavuotisen kehityshistorian aikana, alkaa hajota, kaikkialla kansallisvaltioissa elpyy nationalistisia voimia, joiden uudelleen nousua kaikkein sokeimmat individualistit eivät mitenkään pysty ymmärtämään eivätkä hyväksy. Individualistit elävät käsiterealististen ideologisten ismiensä kielimaailmoissa, joissa yleviä ihanteita muotoillaan ylihistoriallisilla, ylikulttuurisilla, ylikansallisilla ja yliyhteisöllisillä yleiskäsitteillä -- esimerkiksi käsite "tasaarvo" on käsiterealistinen oksymoroni, sillä "arvo" on aina fokusoituva ja erikseen noteerattu asia -- ja näitä ihanteellisia idealisoituja ideologioita julistetaan ymmärtämättä, että juuri se merkitsee heidän niin pahaksi demonisoimaansa yli-ihmisyyttä.

Sokea individualismi elää paradoksien kielimaailmoissa. Yhtäältä kaikkea määrittelevät täysin ylimitoitetut, vailla konkretiaa tai mitään reaalista vastetta ("rasitetta") ihanteelliset idealisoidut yleiskäsitteet, toisaalta tähän kuuluva voimakas kokemus on totaalisen omakohtainen -- sen vaikutus vahvistaa ja voimaannut taa yksilön minäidentiteettiä äärettömällä kaikkiallisella vallalla. -- Niin monella aikamme "valistuneella" ihmisellä on niin pienet, omakohtaisen kokemisen totaalisesti valtaamat aivot. -- Ja se kokemus voi olla myös puhtaasti "tiedollinen" -- pieni pää täyttyy käsiterealistisella käsitetiedolla. Niin moni ei ymmärrä että "tieto" antaa asioille "nimen" -- ja nimeämällä on totemistisesta vaiheesta asti suljettu ja vahvistettu samuuden piirejä -- nythän me esimerkiksi koemme että "uskonto" on uskonnon nimi, ja että kaikki "uskonnot" ovat uskontoja uskontojen joukossa -- mutta todellisuus, esimerkiksi resursseiltaan rajoittunut reaalimaailma, kaikki "asialliset asiat" -- ne ovat olemassa vaikka niillä ei olisikaan "nimiä". Koemme tietävämme, kun tiedämme nimen. Tapa, jolla käsitteet kulttuurisessa käytössä liittyvät toisiinsa, koetaan todistuksena. Käsiterealismi on kokemus reaalisesta. Käsite on, jos Heidegger halutaan vielä vetää tähän mukaan, maailman paikka ("Dasein"). -- Käsiterealisti elää omassa ajatusavaruudessaan, ja siellä ikään kuin avaruusraketti laskeutuisi kuun pinnalle ja astronautti "tietäisi" olevansa oikeassa paikassa, kun löytää louhikkoon pystytetyn kyltin jossa lukee "Kuu".

Individualismin maailmassa nimi on identiteetti. Oma nimi, oman maailman nimi. Oman kokemuksen, oman totuuden nimi. Oman jumalan, oman "ismin" nimi. -- Ja kaikki "politiikka" on silkkaa identiteettipolitiikkaa. "Ismit" ovat leimoja -- jos et ole puolellamme, olet vihollistemme puolella. Sokean individualismin maailmassa minäidentiteetti määräytyy yhä enenevästi "kielteisestä käsin". Durkheimin termein syntyy "negatiivinen kultti". Keskustelupalstoilla äänensävyt kiristyvät, ja yhä useammin sorrutaan sensuuriin ja työllistetään syyttäjää. Orwell olisi tyytyväinen: leimat ovat muuttuneet todellisuudeksi. Kirosanojen vaikutukseen uskotaan yhtä vakavissaan kuin villi-ihmisten woo-dookulteissa. Leimaaminen on projektiivista, siitä kasvaa kokonainen ilmiantokulttuuri. Sen vastapuolustuksena tarvitaan yhtä vähämielinen irtisanoutumiskulttuuri. -- Kun "rasisteja" jahdataan, ja itseään ihan valistuneina pitävät ihmiset vaativat "nollatoleranssia", silloin eletään täydellisen järjettömyyden vallassa. Noitaoikeudenkäynnit palaavat maailmaan. Niissä syytetään vääräoppisuudesta -- "tunnusta oletko noita" -- eikä kukaan enää kyseenalaista sitä mahtaako noituutta oikeasti olla olemassakaan. Se on käsiterealismin täydellistymä, roviolla poltettu "rasisti".

5.

Feuerbach oli tavattoman oikeassa oivaltaessaan, että ihmisen ensimmäiset "jumaluudet" olivat yleiskäsitteen muotoisia. Samuuden tunnistaminen ja säännön ulkoistaminen ovat kaiken ajattelun alku. Hahmonmuodostus kääntyy käsitteenmuodostukseksi, eikä kieli ole koskaan yksityistä vaan sosiaalinen sidos – se on kaiken hallinnon ja hallinnan kehitystarina. Kaikki "samuus" istuttaa mieleen instituution, ja "yleiskäsitteet" pyrkivät kattamaan yhä laajemman alan. Merkityslaajentumasta tulee tajunnallinen instituutio. Durkheim kuvasi hyvin miten totemismin sosiaalinen ydin liittyy nimeämiseen – että nimeämällä suljetaan samuuden piirejä. Se meillä yhä on riesanamme – mekin reagoimme nimiin, varsinkin yleiskäsitteisiin. Ikään kuin sama nimi loisi – loihtisi – todellisuuteen samuutta. Mutta se on todellakin vain loitsuamista, ymmärryksen noitumista. Sitä on esimerkiksi sen kuvitteleminen että "uskonto" on uskonnon nimi, ja että kaikki "uskonnot" ovat uskontoja uskontojen joukossa.

Olla-verbi on kaikista yleiskäsitteistämme kauhein. Sen voi jakaa alustavasti kahteen karsinaan: yhtäältä siihen "kaikkialliseen" alustaan jossa jotakin on olemassa, ja toisaalta siihen "predikatiiviseen", eli "tiedolliseen" käyttöön, että jokin on jotakin. Mitä primitiivisemmäksi miellemaailmamme kuvittelemme, sitä enemmän kaikkiallinen "olemisen" tajunnanmuoto siinä vallitsee. ("Vallita" on hyvä verbi, kun mielikuvat kyllästetään "vallan" olemuksella.) Toisaalta taas jokin "olemisen" kaikkiallinen ominaisuus tulee automaattisesti kudotuksi mukaan kun "tiedollista" -- käsitetiedollista -- tilkkutäkkiä kudotaan. Emme pääse mitenkään emmekä milloinkaan täysin irti "kaikkiallisen" valtaolemisen maailmasta. Alkuperäinen kaikkea vallitseva magia on mukana vielä kaikkein korkeimmin abstraktisissa formaalisissa ajatusmuodoissamme. Mutta ennen muuta se on läsnä kaikessa käsitetiedossamme, johon se sisältyy niin elimellisellä tavalla, ettemme edes huomaa että kaikkein "pätevimmissä" päättelyissämme kaikkein painavin "totuudellisuus" ei suinkaan synny horisontaalisesti yhteen kytkeytyneen käsitepinnan "sitovasta todistusvoimasta", vaan siitä että päättelyn painopisteeseen latautuu maagisen vallan alkuvoimaa.

Kaikki "loogiset" todistelut ovat vain vaakasuoraa ajattelua käsitepintojen tasolla. "Perustelu" sanana viittaisi enemmänkin johonkin syvyyssuuntaiseen, mutta se mikä syvyyssuunnassa vaikuttaa on "kehityksen" dynamiikka. Jos "totuudellisuudeksi" kokemamme ominaisuus olisi edes jollakin lailla nähtävissämme – mitä se ei siis ole – meille paljastuisi, ettei "palauttaminen" ole "todistelu", vaan konstituoivan voiman kuvailua. -- "Totuudelta" ei koskaan voida riisua tätä syvyyssuuntaista ominaisuutta, jonka yksi puoli on se, että myös durkheimilainen "pyhyys" on "totuuden" yksi olemuksellinen olennainen ominaisuus.

"Opillinen" ajattelulaatumme, jossa "loogisuus" tarkoittaa tapaa jolla kytkemme (yleis)käsitteitä toisiinsa, ei ole vain toisinto antiikin kreikkalaisten ajattelusta, jossa "syyt" sisältyivät olioihin niiden ominaisuutena, vaan jotenkin pitäisi saada aukeamaan tämä koko tilanteemme -- jossa siis kaikki, toistan: aivan kaikki, mitä "järkenä" pidämme, piiloutuu "opillisen" yleiskäsitteellisen ajattelumme "sisään" ja tulee "kokemuksellisesti" esiin "logiikkana" -- siis että todellakin "järkiajattelumme" sisällyttää "logiikan" kaikkeen niin sanotusti "tiedolliseen" -- ja meidän on täysin mahdotonta valloittaa sellaista positiota josta "sisälle(päälle)liimaaminen" näyttäytyisi.

Ajattelun hahmonmuodostukselliset alkeet: samuuden tunnistaminen ja säännön ulkoistaminen. Ajattelun käsitteenmuodostukselliset alkeet: kuvailemme todellisuutta "yleiskatsauksellisesti" (Wittgenstein), ja sääntö merkitsee "yleiskäsitettä". "Päättely" käy yksistä yleiskäsitteistä toisten kautta kolmansiin, ja "logiikka" on se alkuperäisen kaikkiallisen "vallan" komponentti, jonka kannattelemana soudamme yhdeltä käsitelautalta toiselle. -- Muodollisesti ottaen "logiikka" on vain puhdas tautologia, sisällöt "todistuvat" kaikkiallisen "vallan" voimavarauksilla.

Ajattelun gaalajuhlissa punainen matto kadulta palatsiin levitetään ontologisten kehien rullalta, ja todellakin, jokainen kuitu on koko matkaltaan hehkuvan punainen -- niin sanottu "logiikka" on kuin tämä häikäisevä väri, joka on sisäänkudottu "tietoon", joka on suomenkielessä hyvin kuvaava sana sikäli että se toistaa kantasanaansa "tietä". Jokainen lause on kuin kudelma tällaisessa matossa. Väri on jotain "kaikkiallista" ja kannattelevaa -- ja matolla astelevien "korkea tajunnantila" tuntuu nousevan suoraan

taikamatosta. -- Logiikka on siis väri joka leimaa kaiken ajatte-
lumme, kutoutuu käsitteinä ja niiden merkityksinä älyllisen suo-
rittamisen tärkeimpiin päämääriin, ja oivallusten salamavalojen
räiskyessä ja journalistien juoru-uteliaisuutta provosoiden hienot
frakinliepeet ja hameenhelmat heilahtelevat joka käänteessä.
Kuten yksilöllinen "tahto" on "kaikkiallisen vallan" pohjalta nou-
seva kokemuksellinen ilmiö, samoin "logiikka" on "tiedolliseen
maailmaan" sisäänkutoutunut kokemuksellinen ilmiö.

6.

Jos listaisimme länsimaisen filosofian suuret historialliset synnit,
listan kärjessä komeilisi se ajattelun ammottava tabuaukko, josta
olemme unohtaneet ihmistä eniten luonnehtivan määreen: kehi-
tys. Filosofit ovat kautta aikojen kysyneet kysymyksensä aika-
laistasolla annetuilla käsitteillä ja tyytyneet siihen mikä heitä
kulloisillakin käsitepinnoilla on puhutellut. Vaikka jo tiedonalo-
jen jaot -- retoriikan ja grammatiikan auditiivisesta kielimaail-
masta uuden ajan visuaalisen itserefleksion hahmottamiin erityis-
tieteisiin -- olisivat itsessään huutava todistus kehityksestä, sitä
on tuskin ollenkaan noteerattu kun totuudellisuuden ongelmia on
pohdittu. Tiedämme jopa, että puhutun ja kirjoitetun kielen kog-
nitiivinen ero näyttäytyy elimistöllisellä rakenteellisella tasolla --
että keskukset sijaitsevat eri kohdissa aivoja, ja esimerkiksi aivo-
vammat puhutun kielen alueella eivät välttämättä vie ymmärrystä
kirjoitetun kielen alueelta -- mutta kuitenkin olemme sulkeneet
silmämme siltä että itse kieleen sisältyvät erot -- esimerkiksi se,
että kielen tietyllä tavalla "kantavimmat" elementit, yleiskäsit-
teet, ovat puhutussa ja kirjoitetussa kielessä erilaatuisia -- tarvit-
sisivat täydellisempää selvitystä. Sellaisen laatiminen pelkän
eläytymisen pohjalta on vaikeaa. Asiaa hankaloittaa edelleen se,
että puhuttu ja kirjoitettu kieli jatkuvasti muodostavat keskenään
jonkinlaisen laadullisen vuoropuhelun. Puhumme sitä mikä saa
merkityksensä kirjoitetusta, ja kirjoitamme sisäisen äänen varas-
sa sitä minkä kuulemme lausuttuna.

Kyseessä ovat tietysti heideggerilaiset "olemisen ja ajan" ongelmat, joista hän ei itse paljoakaan saanut sanotuksi. Miten "yleiskäsite" kirjoitettuna rekrytoi mukaansa sen "ajan" joka antaa sille laadullisen "itsekantavuuden" ominaisuuden? Miten "aika" syntyy perspektiivin pohjalta -- ikään kuin kirjoittaisimme läpi paperin, jonnekin hyvin syvälle, tietoisuuden pohjalle? -- Tapa jolla kirjoitus ottaa ajan vangikseen on merkillinen. Retoriikka elää ajanhetkessä, mutta kirjoitus kutoo ajan jatkumoonsa. (Pitäisikö meidän miettiä esimerkiksi kysymystä menetämmekö jotain kun lakkaamme harjoittamasta kaunokirjoitusta? Jokainen joka ymmärtää uuden ajan rationaalisuuden syntyä ja historiaa -- siis miten kartesiolainen Subjekti aluksi otti Objektivoidakseen niin sisäiset mielentilat kuin ulkoisen todellisuuden -- ja miettii esimerkiksi miten fysiikan "voiman" käsite syntyi ruumiintuntojen ulkoistumana, voi aavistaa miten ratkaiseva merkitys niin sanotuilla käden taidoilla on kognitiivisessa kehityksessä.) -- Joka tapauksessa kaikki tapahtuu "tajunnallisten alkioiden" masinoimana. Korvan tekemä työ on alusta joka mahdollistaa silmän työn -- visuaalisen hahmotuksen. -- Siksi eurooppalaisen renessanssin historiassa luku- ja kirjoitustaidon elpyminen, syvyysperspektiivin hahmottaminen ja ajantaju emergoituvat yhtä aikaa tai rinta rinnan.

Heideggerin lukija tuntee ylivoimaista tulkintatarvetta. Esimerkiksi meadilaisittain "oleminen ja aika" muotoutuu kysymyksiksi olemisen lokatiivisesta "paikasta". Toki -- onhan "paikka" visuaalinen, ei auditiivinen, lokaatio. Mutta filosofisen pöydän tasopinnalla nämä kysymykset eivät selviä. Jos oppisanasto kehittyy kaikkiallisen "olemisen" ympärille, kun taas olennaiset erot historiallisesti rakentuivat ja sijoittuvat retoriikan fokusoiman korvalla aistitun ajanhetken, "ajattomuuden", ja visualisoidun jatkumon, "aikaulottuvuuden", välille, filosofisten metatasojen käsitekonstruktiot ovat kyvyttömiä ymmärtämään miten todellisista tajunnallisista emergensseistä on kyse. Heidegger ei auttanut meitä tässä. Hänen perillisensä, postmodernistit, saivat valtuutuksen irrottaa käsitemaailma reaalimaailmasta. Sosiaaliantropologiassa konstruktionismin pisimmälle vieneen Levi-Straussin tai filosofiassa käsiterealistisella pintatasolla omissa liemissään lilluvan derridalaisen dekonstruktion anti reaalimaailmalle on sama: paljon melua tyhjästä.

137

Millainen kysymys on esimerkiksi kysymys "millaista olemista on olemisen oleminen"? -- Voimme rakentaa tajunnassamme loputtomasti "kaikkiallisuuden" varaan. Teokraatit rakastavat "Jumalaa", koska käsite säilyttää Subjektin ominaisuutensa samalla kun ilmaisee ja mahdollistaa kaikkiallisen käytön. "Oleminen" taas on "kaikkiallinen" predikaatti -- se on oma määreensä -- ja Heidegger todistaa tämän täydellisen ominaisuuden viidelläsadalla sivulla. "Olemisella" on todellakin kaikki mahdolliset, myös kaikki mahdolliset predikatiiviset ominaisuudet -- se on verbi, tapahtuman, olotilan tai asiaintilan määre, laatu, ihan mitä tahansa. Epäilemättä sillä voi olla myös Subjektin ominaisuudet. Kun se otetaan teokratian piiristä filosofoinnin kohteeksi, mahdollisuudet ovat rajattomat. Viisisataa sivua ei vie asiaa yhtään eteenpäin. Kommentaattorit ja postmodernistit täyttävät kokonaisia kirjastoja.

Jaakko Hintikka kertoi vitsin: yliopiston kaksi vähiten kustannuksia aiheuttavaa tiedekuntaa ovat teologinen ja filosofinen. Näistä teologinen on hieman filosofista kalliimpi, koska pappisoppilaat tarvitsevat roskakorin. He sentään pystyvät hylkäämään epäonnistuneet saarnaluonnokset. Filosofeille kelpaa kaikki, he ovat tyytyväisiä ja säilyttävät joka sanansa. -- Heidegger, Heidegger. Liian paljon sanoja, liian paljon sivuja. Heidegger on "epätoivoinen ajattelija" siksi ettei hän koskaan tunnu tavoittavan sitä mitä lauseillaan tavoittelee. Hän ikään kuin ajaa koko ajan takaa pakenevaa kiintopistettä. Hänellä ei ole "kehityksen tosiasian" kaltaisia lähtökohtaisia käsitteitä, ja maa tuntuu koko ajan pakenevan hänen jalkojensa alta.

On outoa että suhtaudumme tällaisiin -- ja kaikkiin -- kirjoihin teorioina ja todisteluina. Kaikkiallinen valta ja hallinta tarvitsee jatkuvan todistelunsa, ja kansien väliin painettu salatiedon traditio houkuttelee meitä tiedon temppelin perimmäiseen kaikkeinpyhimpään. Heidegger kirjoittaa kuin oppimestari, vyöryttäen kynällään käsitteellistä vuorta jatkuvasti eteenpäin. Hän on eränlainen Sisyfos, joka kiven sijasta on valinnut vuoren. Tuskallista uurastusta, ruumiintuntoihin palautuva suoritus. Se on hänen ehkä läheisin kosketuskohtansa natseihin, militantteihin, joita ruumiinhallinta ja vartalonpalvonta puhuttelevat. -- Nuokin tunnot ovat palaamassa omaan aikalaistodellisuuteemme nyt kun yleiskäsitteet taas noituvat ymmärryksemme, ideologinen ihanteellisuus sokaise individualistit, projektiiviset leimat ja ilmianto- ja irtisanoutumiskulttuuri vahvistuvat, nollatoleranssit ja sensuuri palaavat, ja taantuminen kohti totalitarismia alkaa toteuttaa itseään yhä automotorisemmin. -- Toki Heideggerin hieman epämääräisiksi jäävät natsiyhteydet on mahdollista tulkita taantuvan yhteiskuntakehityksen raameissa. Hän itsehän pystyi sanomaan niistä yhtä vähän kuin kehityksen absoluuttisista maamerkeistä. Se on kaiken akateemisen varmuuden paradoksi -- totalitarismiin taantuminen saa jo utopistisessa vaiheessaan kannatusta nimenomaan sivistyneistön piiristä. Näinhän se käy nytkin.

Voin kuvitella viime vuosisadanalun pöhöttyneen saksalaisen akatemian, joka uskottavuutta tavoitellessaan tarvitsi tuollaisia vakuuttavia vuoria. Se perinne nostettiin kunniaan ja sementoitui aikalaistasolla arkaaisia arvoja ihailleessa natsitotalitarismissa. Mutta taantuman juuret olivat jo syvemmällä, natsismi oli kaikua, hmm, sanotaanko Karl Marxilta, joka maanpaossa ammensi omat monomaaniset oppinsa joita hänen oma perisaksalainen kansansa ei hänen elinaikanaan ollut vielä valmis ottamaan vastaan. Se sama akateemisen kaikkivallan ja pyhyyden sävy ja ajatusmuoto, instituutio, resonoi sitten Heideggerinkin mestarointia. Sen totuuslaadun saksalaisakateemikot halusivat yksin omistaa. Opilliset komplementit kietoutuvat toisiinsa, ja opilliselta pohjalta heräsi natsismin mustasukkaisuus kommunismille -- ja tuhoamistarve. Niin käy historiassa aina – aatteelliset veljekset vihaavat toisiaan kaikkein kitkerimmin, ja sisällissodat ovat kaikista sodista verisimmät. Kaikki totalitarismit alkavat kansallisella kahtiajakautumisella. -- Ajatushistorian puussa uusien oksien komplementaarinen kasvu samojen ideoiden kummallekin puolen on säännönmukainen ilmiö, ja teesien ja antiteesien "opillinen" taistelu toistaa ikuista liikkeellelähtemistä ja ikuista paluuta. Kriisi syvenee "oikeassaolemisen" nimissä -- missään totalitarismissa ei ole totalitaristeja, vaan oikeassaolijoita. Näin se käy nytkin.

139

Valikoima päiväkirjamerkintöjä
on ajalta toukokuu -- lokakuu 2018
Heidegger-essee on kirjoitettu
saman vuoden marraskuussa

Tekijä on toimittanut vuonna 1969
kustannusyhtiö Tammen Huutomerkki-sarjaan
pamfletin "Aseistakieltäytyjät"

Esseekokoelma "Rafaelin koulu"
Books on Demand -julkaisuna 2017
ISBN 9789515683359